本书获得以下项目资助：新业态与企业财务筹资战略（项目编号：
20220043）阶段性成果；2021年教育部产学合作协同育人项目（项目编号：
202101324022）；数字经济、产业链韧性与河南制造业企业财务价值共创研究
（2023年度河南省重点研发与推广专项（软科学）项目）。

柴玉珂○著

融资结构与
企业价值创造

FINANCING STRUCTURE AND
ENTERPRISE VALUE
CREATION

经济管理出版社
ECONOMY & MANAGEMENT PUBLISHING HOUSE

图书在版编目（CIP）数据

融资结构与企业价值创造/柴玉珂著 . —北京：经济管理出版社，2022. 10
ISBN 978-7-5096-8753-6

Ⅰ.①融…　Ⅱ.①柴…　Ⅲ.①企业融资—研究—中国　Ⅳ.①F279. 23

中国版本图书馆 CIP 数据核字（2022）第 186912 号

组稿编辑：杨　雪
责任编辑：杨　雪
助理编辑：王　蕾
责任印制：许　艳
责任校对：王淑卿

出版发行：经济管理出版社
　　　　　（北京市海淀区北蜂窝 8 号中雅大厦 A 座 11 层　100038）
网　　址：www. E-mp. com. cn
电　　话：（010）51915602
印　　刷：唐山昊达印刷有限公司
经　　销：新华书店
开　　本：720mm×1000mm/16
印　　张：12. 5
字　　数：189 千字
版　　次：2022 年 11 月第 1 版　　2022 年 11 月第 1 次印刷
书　　号：ISBN 978-7-5096-8753-6
定　　价：75. 00 元

前　言

　　资本是企业生存和发展的基础，如何有效开展融资，选择合适的融资模式关系到企业的生存和发展。不同的融资结构代表公司有不同的治理机制。股权融资代表公司内部的层级治理，债务融资代表外部市场治理。企业在寻求融资的过程中，融资方式、融资对象等融资结构对企业价值创造产生重要影响。在企业融资过程中，即在企业的总资本中，股权资本和债权资本的构成、比例关系及其融资成本的不同导致不同的企业价值创造。在信息不对称理论下，内部融资优于外部融资。股权融资与债务融资也存在融资偏好。其中，股权融资通常具有以下优势：首先，可以为企业提供无抵押担保的稳定资金，支持企业扩大再生产；其次，可以为企业提供长期的研发和创新资金，以及股权投资在未来可能的高回报激励下，企业能够承受更高的风险；再次，可以分散企业经营风险，不会增加企业的财务风险；最后，可以使企业治理更加规范，有助于提高企业决策和管理的科学性。股权融资也有缺点：一方面，道德风险的存在，使经营者可能为了自身利益损害股东利益；另一方面，上市公司可以获得低成本的股权融资资金，过度投资将导致资金使用效率下降。企业在不同的生命周期其资金来源有不同的融资偏好和现实选择。从资本成本和收入分配的角度来看，企业融资方式，如股权融资、债务融资和内生融资，不同模式选择对企业价值创造产生不同的影响。

　　价值创造是指企业生产并提供满足目标客户需求的产品或服务的一系列经营活动及其成本结构。价值是成品的使用价值，影响价值创造的主要因素有投资资本回报率、资本成本、增长率、可持续增长率，而它们同样也是影响财务战略选择的主要因素。企业价值创造与融资结构密切相关，融资结构是否优化直接影响企业生产经营活动的顺利进行。此外，融资结构还直接关系到企业的税收、财务状况和代理成本。它不仅影响企业的资本成本和总价值，还影响企业的治理结构和管理者行为，对企业的价值创造产生重要影响。随着融资结构理论的发展，人们逐渐发现，融资结构不仅是一个静态的现金流量分配问题，更是一个所有权和控制权的实现问题。构成融资结构的股本和债务不仅是企业重要的融资工具，也是非常重要的控制权基础和治理工具。两者之间的具体比例和构成将形成具体的控制权结构和公司治理机制。如果企业融资结构不合理，将影响公司的控制权安排和治理效率，导致公司价值下降。公司价值的下降将直接导致融资结构的动态变化——公司控制权的转移。而控制权转移的结果将通过融资结构和控制权的重新配置对公司价值产生影响。

合理的融资结构不仅可以提高价值创造、提升企业价值，还可以进一步优化企业治理结构，既使企业融资结构更加合理，又使企业在激烈的市场竞争中发展壮大。然而，关于融资结构与价值创造之间的关系有两种不同的观点：一种观点认为，较高的资产负债率可以为企业带来更好的效益，即融资结构与价值创造之间存在正相关关系；另一种观点认为，资产负债率越低，企业效益越好，即融资结构与价值创造之间存在负相关关系。这两种不同的观点都有其支持者，并在实证分析中得到了证实。针对不同研究对象和不同研究背景的研究结果表明，企业融资结构与价值创造的相关性受研究对象和研究环境的发展影响，即在不同背景下寻求两者之间的合理关系具有一定的理论意义。

本书在写作过程中的总体思路是：①论述融资结构形成的融资结构理论溯源和价值创造理论，界定融资结构以及价值创造的含义，其中包含融资结构的发展历程、价值创造的衡量方法、使用博弈论分析融资投资等；②分析融资结构与价值创造的理论关系；③融资结构与企业价值创造运行机制及案例分析；④融资结构与高技术产业发展的关系，分析融资结构与价值创造的研究现状，以河南省上市公司作为小样本进行实证分析；⑤提出了我国上市公司优化融资结构的措施，融资结构提升企业价值创造的对策建议。本书共分为六章：第一章为导论，主要界定和说明了本书的研究背景、研究意义、研究现状、研究思路和研究内容，目的在于为以后各章做好铺垫，同时对本书的读者也起着导读的作用；第二章为融资结构理论综述，主要从早期融资结构理论、传统融资结构理论以及现代融资结构理论三个方面对于融资结构进行理论综述，该部分是研究的理论基础；第三章为融资结构与价值创造关系综述，论述了价值创造的含义及评价指标体系，以及价值创造与融资结构的相互作用；第四章为融资结构与企业价值创造运行机制研究：基于创新驱动背景，研究创新驱动对企业价值创造的影响和优化融资结构促进价值提升；第五章为融资结构与企业价值创造的实证研究，分析融资结构与价值创造研究现状，以河南省上市公司和高技术产业公司作为样本进行实证分析；第六章为优化融资结构提升企业价值创造的措施，并提出了相关的对策建议。

由于国内外专家学者对融资结构理论与价值创造相关关系的研究结论不尽一致，加上笔者理论学术水平、经验的不足等方面的因素，本书在研究的深度、广度和实用性等方面有许多值得商榷之处，希望相关行业专家、学者和广大读者不吝赐教。

柴玉珂

2022 年于郑州

目　录

第一章　导论

第一节　研究背景及意义

一、研究背景

自莫迪利安尼（Modigliani）和米勒（Miller）两位专家首开融资结构研究的先河以来，融资结构问题逐渐引起学术界的关注，逐步成为现代金融和财务管理学的核心研究内容，并开始独立成为现代经济学的一个重要研究领域。两位专家的研究形成了著名的米勒—莫迪利安尼模型（以下简称"MM 定理"），MM 定理以高度概括的手法提出了在完美资本市场假说条件下价值创造与融资结构无关。

国内外学者给出了融资结构的定义：融资结构（Capital Structure）是指企业负债与股东权益的比例，即企业全部资金来源的构成及其比例关系，融资结构等同于资本结构，理解为静态的结果，本书在研究过程中拓展其动态的融资过程，从而应用融资结构一词。有关融资结构的理论研究积淀颇厚，融资结构理论沿着三个方向逐步展开：第一个方向是影响融资结构的因素是什么；第二个方向是融资结构是否影响企业价值；第三个方向是最优融资结构是否存在（王晓亮、邓可斌，2020）。

本质上，这三个方向的根本出发点是企业价值是否与融资结构有关，或者说融资结构是否影响企业价值。融资结构在理论上的研究不断发展深化，但围绕融资结构的争论从来没有停止过，企业最优融资结构是否存在，企业应该如何选择融资结构？百家争鸣、百花齐放的学术观点不尽相同。具体而言就是，一个企业能否通过改变其融资结构，即调整负债与所有者权益的比例来实现企业资本成本降低、市场价值最大或股东利益最大化等目的，逐渐成为西方经济学理论研究的焦点领域。

融资结构动态调整理论作为现代融资结构理论的前沿领域，关系到企业的偿债能力和营利能力（陈良华等，2022）；再融资能力和再融资动态能力的变化受到金融理论界和实务界的青睐。融资结构动态调整理论在融资结构静态平衡理论的基础上，对融资结构进行了更接近动态变化经济现实的理论扩展和补充，认为最优融资结构不是一个固定的股权债务比率，而是一个可变的股权债务比率范围，企业变化不断调整着融资结构。研究表明，企业存在一个目标融资结构（也称为最优融资结构），当目标融资结构发生变化或某些因素导致实际融资结构偏离目标融资结构时，企业会对偏离进行调整。为了接近目标融资结构，企业调整过程中会产生调整成本，而相应成本的存在会影响企业实际融资结构趋向目标融资结构的速度，从而形成局部调整的情况。

1960年后掀起了一场"企业价值是否与融资结构有关"的大论战，传统旧融资结构理论学派和现代新融资结构理论学派展开了激烈的争辩，双方各执一词。在这场大论战之后，融资结构理论也得到了长足的发展，理论研究者打破完美资本市场假说这一假设前提，考虑企业所得税、破产成本、信息非对称等因素，相继出现了融资结构的委托代理理论、信号传递理论和控制权理论等。上述理论从不同的角度证实了最优融资结构的存在。虽然这些理论研究的视角不同，但关于融资结构影响企业价值的观点已成定论。

从融资结构研究的起源来看，莫迪利安尼和米勒研究的重点在于探寻融资结构对价值创造的影响，由于其结论是基于一系列严格的假设条件得出的，虽然对现实情况做出了有效的解释，但是其相应的可行性并不高。随后，相当多的学者开始着手研究从其他角度探寻融资结构的成因，但探讨融资结构与价值创造之间的关系、寻求最优融资结构仍一直是学者们孜孜追求的方向，更一直是国外学者研究融资结构的一个重点（陈良华等，2019；韩金红、潘莹，2021）。结构决定功能，功能反作用于结构。系统论的这一基本观点为人们认识世界提供了一种有效的分析工具——结构分析。同时，对现实情况的考察以及对融资结构的实证研究结果表明：宏观经济水平、所得税因素、货币政策、资本市场、公司规模与核心竞争力等因素对融资结构有着重要的影响。反过来，融资结构不仅会影响企业的资本成本和市场价值，同时会对企业治理结构、控制权乃至企业核心竞争力及企业自身的成长产生重大的影响。

随着融资结构理论的发展，詹森和麦克林（Jensen and Meckling，1976）认为，融资结构不仅是一个静态的现金流分配问题，还包括控制权等一系列的变化，指出融资结构是一个动态的过程，由此产生了动态融资结构理论，如时机选择理论和动态权衡理论等。动态融资结构理论主要讨论的是融资结构的动态性、融资结构动态的优化性以及动态平衡的稳定性。动态融资结构理论认为，企业并不会像静态融资结构理论所认为的那样在不同的时期都存在最优的融资结构，而是作为动态过程来确定其融资结构，融资结构最终是企业财务活动的行为结果。企业财务行为不但受制于其所处的宏观市场制度条件即市场利率，而且是相关利益主体相互之间对利益、控制等要求权的权衡和博弈过程。其中，最具代表性的动态权衡理论认为，融资结构动态变化过程中会形成交易摩擦，这些交易摩擦会产生成本，即交易成本，其中交易成本可分为内部交易成本和外部交易成本。融资结构动态变化产生交易成本，进而对价值创造产生动态效用。这种作用机制分为两种：一种是融资结构动态变化引起控制权等内部治理结构的调整，产生内部交易成本，进而作用于价值创造；另一种是融资结构动态变化会使股权和债权的比例发生变化，受资本市场发展的约束形成外部交易成本，即利息和股息等，进而作用于价值创造。当前有些实证研究主要是从静态的角度研究融资结构对价值创造的影响，对融资结构是一个动态过程的关注相对较少，与理论不一致。

从国内的现实情况来看，我国证券市场从 1990 年到 2022 年经历了 30 多年的成长并获得了长足的发展。我国对融资结构问题的研究始于 1990 年，起步较晚，其研究从一开始就是与我国的企业制度改革、投融资体制改革、资本市场建设和发展紧密联系并逐渐展开的。对公司融资结构的研究逐渐受到了中国学术界的关注，部分学者还通过对中国上市公司的融资结构进行理论与实证研究，分析了中国上市公司融资结构存在的一些问题，并提出了相应的改进建议和优化措施。随着中国经济又好又快的稳步发展，投融资体制改革的逐步深化，资本市场的不断完善，尤其是近年来对中小企业融资难瓶颈问题的关注，各银行的贷款绿色通道的建成，以及民间借贷资本的合法化等，上市公司的筹资渠道越来越多，所以对上市公司融资结构的研究也显得越来越重要。从我国企业发展及改革的历程来看，融资结构远不是一个静态的概念。在我国现有的金融体系和企业制度下，影响融资结构的因素纷繁复杂。企业的融资结构选择既受到制度性因素的影响，也受到非制度性因素的影响；既有宏观层面因素的影响，也有微观层面因素的影响。

但是，国内就此问题展开的研究并不充分，对融资结构的研究集中在融资结构决定因素的分析上，针对价值创造与融资结构的实证研究结论不一致，实证研究同样存在分歧，出现了截然相反的结论。经过近几年的发展，我国资本市场逐渐发展壮大，在大数据、人工智能、移动互联网、物联网、云计算等新技术的背景下，研究融资结构与价值创造的关系尤为必要。企业为了降低信用违约风险，公司的主要债权人将根据企业的风险水平确定他们提供的融资支持，这也意味着战略差异较大的企业面临更高的融资成本和更大的融资困难。从信息不对称的角度来看，高度的战略差异意味着商业信贷提供者准确识别企业的真实情况变得更加困难。企业的战略定位可以反映其资本配置，而偏离行业常规战略则意味着外部投资通过传统的行业标准很难推断出企业的发展水平。相关学者研究发现，收集信息的成本大幅增加也削弱了外部利益相关者试图缓解信息不对称的动机（王化成等，2017）。根据现有研究，战略差异规模越大，信息不对称程度越高，企业越有可能进行盈余管理（叶康涛等，2015），以掩盖实际绩效波动。侯德帅等（2020）基于企业战略实施的影响发现，溢出效应使外部供应商解读企业信息的难度越来越大，这将极大地抑制企业信贷融资的规模。

一方面我国企业会计准则实现国际趋同，提高了我国企业会计信息在全球经济中的可比性，降低了财务信息报告和会计信息理解与应用的成本，这方面的进步会提高我国资本市场的效率、降低国内外投融资成本、减少国际贸易摩擦，这既降低了财务融资的成本，又拓宽了企业投融资的渠道和市场。另一方面新企业会计准则对企业的融资结构有重要影响。新企业会计准则将有利于我国资本市场的发展，有利于改善债权人、投资者、股东等相关利益者对企业的评价。同时，资本市场改革、金融改革、国有企业改革等多个领域改革的同步深入，必将促进企业融资结构的合理化。

由美国次贷危机引发的金融危机对全球的经济发展产生了巨大影响，很多企业都面临着亏损甚至破产的状况，金融危机的影响使融资难度加剧。虽然目前进入到后金融危机时代，但金融危机形势下引发的诸多问题，如如何生存和发展，是每个企业都必须要考虑的问题。而如何降低融资成本，以较低的成本取得企业经营发展所需要的资金，并利用融资结构与价值创造的关系，确定合理的融资结构，提高企业的价值创造，成为企业融资结构研究的一个重要问题。

二、研究意义

（一）理论意义

目前，我国资本市场正处在发展的关键阶段，将上市公司融资结构与公司价值作为研究主题具有重要的理论价值和现实意义。融资结构与企业的税收、财务状况和代理成本直接相关，它不仅影响企业的资本成本和企业总价值，还影响企业的治理结构以及经理行为，对企业的价值创造产生重要影响。

债务资本是一把"双刃剑"，与利润既有正相关关系又有负相关关系。确定合理的融资结构，促进企业价值创造的提高，对企业的生存和发展非常重要。现代融资结构理论也指出，在有效的市场条件下，融资结构变动会影响企业价值，债权融资方式相对于股权融资方式而言对企业更为有利。本书分析了相关理论，结合河南省上市公司的案例进行实证分析，以分析样本公司的融资结构是否影响公司绩效以及怎样影响公司绩效，检验国外经典的融资结构理论在我国上市公司中的适用性，这就是本书研究的理论意义。我国资本市场与国外发达国家相比起步较晚，而且我国资本市场与其他发达国家的资本市场之间存在质的差异，这就造成了我国上市公司融资结构的相关理论研究较为落后。因此，针对我国上市公司的特殊情况，分析我国上市公司的融资结构特点，根据价值创造与融资结构的关系，优化我国上市公司的融资结构，对提高上市公司的价值创造具有重要的现实意义。但对于企业融资结构和价值创造之间相关关系的研究，理论界存在着两种截然不同的观点：一种观点认为，较高的资产负债率可以给企业带来较好的效益，即融资结构与价值创造之间存在着正相关关系；另一种观点则认为，资产负债率越低企业效益越好，即融资结构与价值创造之间存在着负相关关系。这两种截然不同的观点都有其支持者，并分别在实证分析中得到了证明，基于不同的研究对象和不同的研究背景得到不同的研究结果表明，企业融资结构和价值创造之间的相关关系受研究对象和研究环境发展程度不同的影响，即在不同的背景下寻求两者之间的合理关系是有待进一步研究的论题。

对于融资结构与价值创造之间的相互关系，国内外学者进行了大量的理论与实证研究（如上文所述），并得出了两者存在着正相关和负相关两种截然相反的观点。所以，在不同的研究背景下寻求融资结构与价值创造之间的合理关系具有深入研究的价值。

（二）现实意义

上市公司作为优秀企业的代表，在我国现实国情中，上市资格的认定有系统规范的细则。而在上市公司的生产经营过程中，资本运作已经形成一套与资本市场相适应的模式，相比于非上市公司，上市公司在融资手段和融资结构等方面更具有研究价值，加之上市公司受证券市场监督较为严格，披露公司财务状况较为及时，数据资料真实性较强，并且按要求对外公开呈送报告，其数据资料的取得也具有一定的可操作性，所以在融资结构和价值创造相关性研究中通常选取上市公司作为研究对象进行研究。

综观河南省上市公司的现状，各个上市公司经营价值创造良好，虽然较低的资产负债率使企业经营风险较小，但融资结构问题也成为制约河南省上市公司快速发展的因素之一，所以寻求合理的企业融资结构、提高价值创造成为一个比较现实的问题。

价值创造主要是指企业在一定经营期间内的经营效益和经营者价值创造，从客观上反映了企业的生产经营状况、发展前景和投资价值等。合理的融资结构在提高价值创造和提升企业价值的同时，又会进一步优化企业治理结构，使企业融资结构更趋于合理化，从而使企业在激烈的市场竞争中不断发展壮大。

融资结构作为企业资金来源的权益结构或融资结构的集中体现，反映着企业投资者、管理者和债权人等相关利益群体之间的利益权衡关系，影响并决定着企业的公司治理结构、企业行为特征以及企业价值等诸多方面。合理的融资结构对加强企业内部管理、规范企业经营行为、优化企业资源配置、提升企业价值等具有重要的现实意义。

三、研究目标

企业最古老和最重要的问题就是如何筹集和运用投资所需的资金，而 MM 定理再次"击中"该问题的核心：什么因素决定企业如何获得投资所需要的资金以及投资资金是如何运作的；给定投资决策后，一个企业能否通过改变融资结构来改变其价值及资金成本，即是否存在一个使企业市场价值最大化，或者使企业资本成本最小化的融资结构。企业作为以盈利为目的的社会经济实体，其通过生产经营活动进而实现企业投资者、债权人以及社会公众利益的最大化。随着社会经济的不断发展，在市场竞争日趋激烈的今天，企业必须不断改善企业经营管理、优化企业资源配置、提高企业营利能力以求得生存与发展。

从考察和分析我国企业的融资结构选择及其形成机制，延伸到考察企业融资结构与价值创造之间的关系是国内融资结构研究发展的必然。当然，企业融资结构选择及其对价值创造的影响是一个复杂的问题，即便是国外学者的研究也存在不一致，仍然存在诸多的不解之谜，需要做进一步的探索。从战略管理的发展历程来看，无论是"战略—结构—绩效"（Strategy-Structure-Performance，SSP）理论，还是"结构—行为—绩效"（Structure-Conduct-Performance，SCP）理论，以及资源基础观（Resource-Based Views，RBV）的"战略—绩效"理论，都从不同程度和不同角度探讨了企业战略与价值创造之间的关系。战略管理自出现以来，就一直关注如何提高企业的竞争优势和价值创造。

因此，融资结构选择就应当是企业战略选择和战略实施的重要内容，并应当与企业的战略保持一致。一方面，多元化一直是企业发展过程的重要战略选择，国内企业对实施多元化战略一直抱有非常高的热情。一些企业通过多元化的战略扩张迅速发展和壮大。另一方面，实行多元化战略却使一些企业价值创造迅速下滑，陷入破产危机。从国内企业的实践和国外学者的研究来看，融资结构、多元化战略及价值创造三者之间应该是紧密相关并相互影响的。但从国内的研究来看，无论是融资结构研究还是多元化战略研究都忽视了对方的影响，既无法充分揭示我国企业融资结构选择和战略选择的真相，也无法充分揭示融资结构及多元化战略对价值创造影响的真相。

本书将融资结构与企业价值作为研究主题，从广义的融资结构入手，将股权结构、债务结构以及两者的共同作用对公司价值的影响纳入一个统一的分析框架，接着选取上市公司数据实证检验静态的融资结构对公司价值的影响结果。

四、研究结论

本书通过融资结构与公司价值的理论分析发现：①不同的股权持有主体和不同的股权集中度、不同的债务结构和债务期限对公司价值的影响不同；②机构持股和管理者股权对公司价值的影响存在多种效应；③与股权高度集中和高度分散相比，适度集中的股权结构可能更有利于公司价值的提高；④银行负债比公司债券的监督约束能力更强，短期负债主要通过监督效应增加公司价值，长期负债主要通过避税效应增加公司价值；⑤股权结构与债务结构共同作用对公司价值影响的决策模型显示两者存在互补作用，集中的股权结构与集中的债务结构相联系，分散的股权结构与分散的债务结构相联系，强的股权约束与强的债务约束相联系。

上市公司融资结构变化在一定程度上代表着企业融资结构的发展方向。笔者通过本书的研究，提出应该构建合理的股权结构和债务结构，降低国有股比例，加快股票全流通，构建适度集中的法人控股的股权结构，完善信贷市场，充分发挥负债的杠杆作用，提高公司的资产负债率转折点，加强股权治理和债务治理的共同作用。合理促进融资结构的动态优化，对公司价值较低、经营效率低下的企业进行并购/重组或者退市，并购中应更多地使用控制权有偿转让和全部转让的方式，提高上市公司的主营业务能力和净资产收益率。对规范企业融资行为，完善公司的内外部治理结构，改进企业的日常经营管理，提高企业经济效益和企业价值，进而提高社会经济资源配置效率，有效实现经济增长、充分就业等宏观经济目标有重大的意义。

第二节　国内外研究现状

关于融资结构的研究主要是沿着两个相互区别又相互联系的方向展开：第一个方向是公司财务意义上的融资结构分析。它主要是从公司融资的角度、侧重于公司市场价值的分析，这是现代金融理论的主要课题。第二个方向是公司实体的财产权利、利益关系意义上的融资结构理论。它强调的是公司的激励与绩效问题，这种分析成为现代公司制度设计、公司治理理论研究的主要内容。而对于融资结构与价值创造的关系，不同的学者持有不同的观点，并且实证研究的结果和融资结构理论的分析并不完全相符。

一、国外研究现状

对于融资结构和价值创造相关性国外学者进行了大量研究，研究的重点在于寻求使价值创造最大化的最优融资结构和价值创造决定融资结构这两个方面，由于研究对象、研究环境和研究方法的不同，所得的研究结果也各不相同：詹森（Jensen）和麦克林（Meekling）于1976年提出的代理成本理论中指出，可以通过权衡债务代理成本和债务融资利益确定最优融资结构。随着债务融资比例的提高，负债融资利益将减少，但当负债融资的边际利益与负债融资的边际成本相等时，企业融资结构实现最优（DeAngelo et al.，2011；Levy and Hennessy，2007；胡元木，2013）。按照融资结构决策的影响因素，即权益资金成本、债务资本成本、综合资本成本等，应用 Excel 辅助决策工具，构建融资结构决策评价动态模型（智浩，2021）。

在不同的经济发展时期，关于融资结构与价值创造关系的结论也不相同，国外不同的学者通过实证研究，对融资结构价值创造的关系主要得出两种截然相反的观点：

第一种观点是融资结构与价值创造负相关。拉詹和子格拉斯（Rajan and Zingales，1995）认为营利能力和绩效之间存在负相关的关系，而且这种关系随着公司规模的增加不断地加强；蒂特曼和韦塞尔斯（Titman and Wessels，1988）认为获利能力与负债比率间具有显著的负相关关系；债务融资引起价值降低，融资规模及其占比的变动不仅影响公司的市场价值，还影响公司的治理结构和控制权的分布状态（Rajan，1992），其具有一定的公司治理效应（Berkovitch et al.，2000），从而在一定程度上缓解了股东与经理层之间的利益冲突（Jensen et al.，1992）。

第二种观点是融资结构与价值创造正相关。Stulz（1990）假定经理人员总是将所有可能获得的资金全部用于投资，即便股息支付对股东而言是更好的选择，然而在他看来，负债融资可以减少可用于投资的现金流，从而缓解这一矛盾；Smith（1986）则证实了小企业面临着更高的股权发行成本，因而有可能选择较高的负债水平，负债比例与营利水平正相关，这表明负债融资可以提高企业的价值创造；Moh'd 等（1998）的实证研究得到企业规模与其资本结构显著正相关的结论。不过，在 Moh'd 的模型中，企业资本结构被定义为企业长期负债的账面价值与企业长期负债账面价值与其股权的市场价值之和的比值，其研究结果显示：绩效与账面价值、财务杠杆比率之间呈正相关关系。

二、国内研究现状

我国关于融资结构的研究始于 1994 年，当时国家为了解决国有企业长期以来存在的高负债状况，在上海等 18 个城市进行"优化融资结构试点"。从那时起，企业融资结构问题才得到我国学界和业界的广泛关注。张春霖是较早深入研究我国国有企业融资结构问题的学者，他主要是从国有企业改革的角度来分析国有企业的融资结构，但研究目标主要集中于如何解决企业单一的债务融资渠道，以及如何解决企业的不良债务方面。所以，严格说来，当时的研究并未触及融资结构的本质，原因在于当时的国有企业并不具备灵活调整自身融资结构的能力，因此并不具备融资结构研究的主体资格。总体而言，近年来我国融资结构的理论研究经历了一个从无到有、范围从小到大、内容从简单到复杂的过程。我国资本市场起步较晚，发育尚不完善，对融资结构理论的研究相对比较落后，尤其是针对我国上市公司进行的实证研究较少。但是，目前实证研究的重要性已经日益受到国内学者的重视，并取得了一定的成果（钟田丽、张天宇，2017；李世辉等，2018），同时，对于融资结构与价值创造关系的研究，有研究者从动态调整的视角进行研究（周针竹，2022）。

目前我国理论界对企业融资结构理论的研究主要集中在两个方面：一是以MM定理为基础的融资结构主流理论，着重研究融资结构与企业价值创造的关系；二是以MM定理为基础的融资结构决定因素理论，着重研究融资结构的影响因素，将融资结构理论与公司治理、信息不对称、产品市场等领域相结合的边缘交叉研究。

（一）融资结构与企业价值创造的关系研究

我国学者对上市公司融资结构与企业价值创造之间的关系进行了较为广泛的研究，并得出了正相关和负相关两种不同的结论。这与西方学者的研究结果基本一致。国内学者大多都把出现两种结果的原因归结为研究对象所处的时空条件、研究者所选择的样本构成、所采用的分析方法和所设定的假设前提不同。目前上市公司融资结构与企业价值之间的相关关系究竟是正还是负，在我国依然没有定论，主流结论是两者存在着负相关关系，同时也有些学者通过研究发现两者呈正相关关系，少数研究表明两者之间的关系并不显著，还有学者认为两者之间存在着二次、三次关系。

大部分研究表明我国融资结构与价值创造存在着负相关关系。融资结构（长期资产负债率）与获利能力之间有着显著的负相关关系；工业部门的资产负债率与企业经济效益存在较强的负相关关系；公司的负债比例与公司绩效指标显著负相关，即融资结构与绩效之间存在着显著的负相关关系；资产负债率与公司价值呈负相关关系；通过最小二乘法和回归分析，得出资产负债率与资产净利率、销售净利率均呈弱负相关关系。少数学者认为融资结构与价值创造存在正相关关系。随着负债比率的提高，上市公司的净资产收益率增加；负债比率与净资产收益率呈显著的正相关关系；融资结构对企业的绩效有一定程度的影响（正相关）。同时也有一些研究表明，融资结构与公司绩效之间没有关系；资产负债率与净资产收益率相关关系不明显，回归模型解释不显著。价值创造与融资结构存在着显著的二次、三次关系（巫岑等，2019；林建浩、阮萌柯，2016）。

（二）融资结构的影响因素研究

关于融资结构的统计描述及其决定因素的分析，相对于国外而言，我国学者得到的结论不尽相同。上市公司股票收益与负债权益比呈负相关关系，通过对样本上市公司的筹资结构、净资产规模与营利能力进行分析得出，企业净资产规模越大，筹资结构比率越大。随着负债比率提高，上市公司的营利能力呈现上升趋势，负债比率与公司价值创造呈正相关关系。融资结构影响因素实证分析，研究结果表明企业规模和营利能力两个因素对企业融资结构的选择有显著的影响，存在正相关关系，即企业的规模越大，或营利能力越强，就越能承受较高的负债水平；而公司权益、价值创造和行业因素对企业融资结构没有显著的作用。刘星（2001）确定了影响我国上市公司制定负债融资结构的主要因素及其重要性排序：公司利润因素、销售周转因素、营运资金因素、资本投资因素。股权集中度与负债水平显著负相关，上市公司的偿债能力与总资产负债率呈显著的负相关关系；流通股比例对公司绩效具有负面影响，流通股比例越高，公司绩效越差。综合这些研究我们认为，影响我国上市公司融资结构的主要因素包括公司利润率、股权结构、价值创造、公司规模等。此外，还有学者基于宏观和地区双重视角系统考察政策不确定性对融资结构动态决策的影响（宫汝凯，2021）。

从当前的研究文献来看，国内有关融资结构的相关研究主要集中在一些交叉的新领域：融资结构的影响因素分析；最优融资结构研究；融资结构与公司治理结构研究；融资结构和融资行为研究；企业融资结构与创新研究（余明桂、宁莎莎，2016；黎文靖、郑曼妮，2016）；投资效率与融资结构研究（黎文靖、李耀淘，2014；何熙琼等，2016；王克敏等，2017）。例如，刘端等（2019）基于中国上市公司实证研究发现，股票增发对研发投入和创新产出均有带动作用。余明桂和宁莎莎（2016）、连立帅和陈超（2016）发现产业政策降低了企业的税收负担，从而增加了企业的现金留存。无论是在资本市场还是信贷市场，产业政策支持的企业更容易获得融资支持。何熙琼等（2016）研究发现，产业政策支持可以帮助企业获得银行贷款。

实际上，企业融资结构是一个极其复杂并且难以解决的问题，它与一个企业所在的国家、行业以及企业自身的方方面面都有密切的关系，这也是国外那些先进的融资结构理论对我国企业的具体实践缺乏解释力的主要原因之一。

综上所述，我国目前在融资结构理论探讨上取得了一些成绩，但是我国上市公司融资结构的实证研究得出的结论和西方经典理论的结论并不一致，而且我国融资结构的实证研究大多集中在特定的行业或者地区，所选取的财务数据的时间期限较短，因此关于上市公司融资结构与价值创造的关系以及最优融资结构的存在问题有待于进一步解决。

第三节　研究内容与方法

一、研究内容

关于融资结构的实证研究，西方学者把它们分为两个方向：一个是以 MM 定理为中心，主要探讨融资结构与公司价值的关系，被称为融资结构理论学派，这也是研究融资结构的主流理论；另一个是从影响融资结构的因素为出发点，着重研究因素对融资结构的影响，被称为融资结构决定因素学派。本书通过引入企业价值创造、企业规模、营利能力等控制变量，对融资结构和公司价值的相互关系进行实证研究，从而找出两者之间的关系，为实现公司价值最大化这一目标，结合河南省上市公司的样本数据进行分析，寻求优化上市公司融资结构的途径。具体研究思路如下：首先，从广义的静态融资结构切入，理论分析股权结构、债务结构以及两者的共同作用对公司价值的影响机理；其次，得出本书的结论，提出相关的建议。

全书共分六章进行论述，具体内容如下：

第一章导论。阐述本书研究的意义、研究现状和研究框架，并界定了本书的主要概念，总结了本书的创新点。

第二章融资结构理论综述。按照融资结构形成融资结构与公司价值关系的这一主线，对国内外有关融资结构理论进行了综述，并加以评述，引出本书以融资结构对公司价值的影响为研究重点。

第三章融资结构与价值创造关系综述。分析价值创造的相关理论，并研究融资结构与企业价值的关系，得出融资结构对公司价值创造的影响。

第四章融资结构与企业价值创造运行机制研究：基于创新驱动背景。研究融资结构与企业价值创造运行机制之间的关系。

第五章融资结构与企业价值创造的实证研究。分析融资结构与高技术产业发展的关系、融资结构与价值创造研究现状，并以河南省上市公司作为小样本进行实证分析。

第六章优化融资结构提升企业价值创造的措施。研究优化措施并提出了相关的措施建议。

二、研究方法

本书运用了经济学的基本方法——理论研究与实证研究相结合的方式，查阅和借鉴国内外有关融资结构的相关理论和文献，利用上市公司的公开财务数据，采取实证研究的方法，运用财务管理的基本理论和统计学原理对我国上市公司的融资结构与企业价值创造之间的关系进行研究分析。按照实证研究的基本思路，提出相关的假设，进行研究设计，通过分析验证提出的相关假设。其中，用到的数理统计方法主要有描述统计分析法、相关分析法、回归分析法。通过分析得出河南省上市公司融资结构与价值创造的相关性等。本书前三章主要以理论分析为主，为后面的实证研究做好原理铺垫；第四章结合创新驱动视角分析融资结构与企业价值创造运行机制，应用博弈论展开分析；第五章通过实证分析的方法构建模型，并采用描述性统计方法等对样本数据进行处理，应用 VAR 双变量模型分析得出结论；第六章规范研究法，从优化融资结构视角提出提升企业价值创造的措施。

第二章　融资结构理论综述

关于融资结构概念的界定，学术界上存在着一定分歧。其分歧主要体现在融资结构中负债内涵的界定上。一种观点认为融资结构中的负债是指企业的长期负债，短期负债不属于融资结构的研究范畴。另一种观点则认为融资结构中的负债是企业资产负债表右方所列示的所有负债。基于对负债的不同认识，融资结构的界定也存在争议，形成长期资本组合说与负债权益组合说两种观点。前者认为融资结构表现为企业取得的长期资金项目的组合及其相互关系；后者则认为融资结构表现为企业全部资金来源的构成及其比例关系，即企业资产负债表右方不同项目之间的相互关系。由上述融资结构概念的界定可以看出，两种融资结构概念存在包容关系。前者是后者的子集，后者是前者的母体。两种界定方法体现了融资结构研究重点的不同。前者反映长期负债与所有者权益的关系，可称之为狭义融资结构；后者则系统反映了总负债与总资产、总负债与总权益、不同债务之间、不同权益之间的相互关系，可称之为广义融资结构。对融资结构概念界定的差异，主要是基于对长期负债与短期负债功能认识上的不同。狭义融资结构观认为只有长期负债才具有税收优惠及负债约束功能。与狭义融资结构观不同，广义融资结构观则认为长短期负债具有同样的功能。从融资结构研究中对概念的实际运用来看，研究人员往往并不严格区分融资结构的概念差异，而是根据研究目的的需要灵活运用融资结构概念。

融资结构是财务理论的重要研究课题，是企业财务管理实践的重要内容，也是企业进行融资决策的重要依据。融资结构有三个方面的含义：第一，指债务资本或者股权资本的各个组成部分之间的关系，既包括负债融资中短期债务、长期债务之间的比例关系，也包括股权结构（即不同性质的股份所占的比例），这是狭义融资结构的含义；第二，指股权资本和债权资本之间的比例关系，通常是用资产负债率来表示，这是最常见的融资结构的含义；第三，指物质资本与人力资本之间的比例关系，这是随着知识经济的发展而提出的，是知识经济时代融资结构的新含义。本书所采用的融资结构的含义为第二种，即股权资本和债权资本之间的比例关系，用长期资产负债率和总资产负债率来表示，从融资的角度来分析融资结构与价值创造的关系，以寻求最优融资结构区间，提高我国上市公司的价值创造。

企业的融资方式决定了企业的融资结构，企业选择的融资方式不同，所形成的融资结构就会不同。从内容上看，企业的融资结构只是融资结构的一部分，它研究的重点是股权资本与债权资本之间的比例关系，从价值创造的角度研究融资结构、分析融资结构的最优区间是融资结构理论研究的重要内容。

融资结构理论是财务管理理论中的重要组成部分，也是一个既古老又经典的热点问题。早在 1950 年西方财务界就开始了融资结构理论的研究，经过半个多世纪的发展，融资结构理论不断演化，已经逐步形成了各种理论流派，并在西方各国的企业融资行为中起到了一定的理论指导作用。从融资结构的发展来看，主要经历了早期融资结构理论阶段、现代融资结构理论阶段和新融资结构理论阶段。本节将对上述三个理论阶段中的主要代表理论进行回顾和述评，分析其对融资结构理论的贡献及其不足，不仅可以为我国上市公司的行为实践提供有用的框架，也能为本书的研究寻找合适的切入点。

1958 年，莫迪利安尼和米勒提出的 MM 定理揭开了现代企业融资结构理论研究的序幕。至今，现代企业资本理论研究已经走过了 60 多年的发展历程。在这 60 多年中，随着其他经济理论的提出和发展，企业融资结构理论相继经历了旧融资结构理论和新融资结构理论时期。本章试图追溯其发展历程，并对其主要流派观点进行综述。

第一节 融资结构理论发展历程

融资结构是资本结构的广义表述，表现为企业资金来源中债务资本与权益资本之间的比例关系，在企业资金来源中包括短期债务、长期债务、优先股和普通股的各自比例。资本结构研究涉及股东、管理层和债权人的利益和冲突，以及企业管理者的投融资行为和资源配置行为以及企业的经营活动。合理的资本结构有利于规范企业行为，自 MM 定理提出以来，人们从未停止过"资本结构之谜"的探索。本节以融资结构理论发展历程（见图 2-1）为脉络，梳理相关现代融资结构理论，后续章节将从理论上解释企业融资结构与市场价值及其管理行为之间的内在关系，为企业融资结构战略决策和投资提供信息、理论依据和指导。

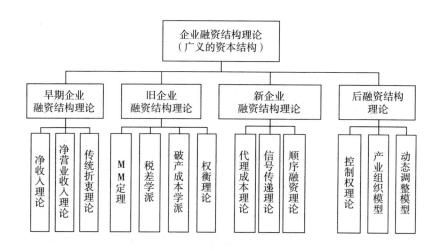

图 2-1 融资结构理论发展历程

资料来源：笔者自行整理。

一、早期企业融资结构理论

从时间上来看，融资结构理论的研究始于 1950 年以后，较早的可以追溯到 1952 年。早期融资结构理论是指 1958 年之前学者对融资结构研究的理论，以美国经济学家大卫·杜兰德（David Durand）为代表，其研究成果是早期融资结构理论研究的正式开端之一。1952 年，杜兰德在美国国家经济研究局召开的"公司理财研究学术会议"上发表了论文《企业债务和股东权益成本：趋势和计量问题》，系统且全面地总结了三种早期融资结构理论，分别为净收入理论（Net Income Theory）、净营业收入理论（Net Operating Income Theory）和介于两者之间的传统折衷理论（The Traditional Theory）。研究的基本前提是站在企业投资者的角度，如何评估企业负债及权益价值的多种不同假设，甚至是根据经验判断推衍出来，在理论上缺乏实证支持和行为意义。因此，在理论上并没有得到进一步的发展研究。

（一）净收入理论

净收入假说假定单项债务成本和权益资本成本固定不变，然后增加债务与权益资本比例，使加权平均成本降低。因为营业收入不变，所以加权平均成本降低，企业价值增加。净收入理论的核心观点是负债能增加企业的价值，认为企业利用负债融资提高企业的财务杠杆比率可以降低企业加权平均资本成本率，从而提高企业的价值。按照这一理论，在利息不超过营业收入的条件下，采用负债筹资总是有用的，因为它可以提高股本净收益。按照净收入假说，权益资本成本和债务成本固定不变，加权平均成本随着负债比率增加而降低，因为负债比率增加，负债的权数也增加；相反则负债的权数减少。所以在没有负债时，加权平均成本最高，等于权益资本成本。负债比率如果增加，加权平均成本开始下降。当企业资本完全来自负债时，加权平均成本等于负债成本，即当资产负债率等于100%时，企业价值最大，融资结构最优。因此，企业进行债务融资总是有利的，企业应该尽可能多地负债，而这显然是不切合实际的。主要表现在：第一，在看到财务杠杆的正效应的同时忽视了财务杠杆的负效应；第二，由于过分强调通过综合资本成本的降低来提高公司的价值，而忽视了对财务风险的管理。

（二）净营业收入理论

净营业收入理论认为，负债筹资会使财务杠杆作用扩大，即便债务资本成本不变，但是会增加企业权益资本的风险，从而使权益成本上升，因此企业的加权平均资本成本不会因为负债比率的提高而降低，而是维持不变。所以，净营业收入理论的观点是，不论财务杠杆如何变化，企业综合资本成本都是固定的，因而企业的总价值也是固定不变的。即不存在最佳融资结构，融资结构和公司价值无关，决定公司价值的真正因素应该是公司的营业收入，所以筹资决策也就无关紧要了，而这显然与企业的理财实践不相符。可见，净收入理论和净营业收入理论是完全相反的两种理论。根据净营业收入理论，无论企业财务杠杆如何变化，企业加权平均资本成本都是固定的，因而企业的总价值也是固定不变的。显然，净营业收入理论过分强调了财务杠杆的作用，而忽视了企业资本成本与不同的筹资方式之间的关系。

（三）传统折衷理论

净收入理论和净营业收入理论都是极端的融资结构理论，传统折衷理论是对上述两种理论的概括和总结。其主要观点是负债成本、权益成本、加权平均成本都不是固定不变的，都会因融资结构的改变而改变。权益资本成本由于负债增加引起财务风险加大而不断上升；负债成本在负债比例一定条件下相对平稳，但如果负债比例增大到超过一定比例，企业利息费用增加，负债成本便开始上升；加权平均成本取决于权益成本和负债成本，当企业用负债来减少发行在外的股票时，权益资本成本上升缓慢，负债成本平稳不变，而且比权益资本成本低，所以加权平均成本逐渐下降。当负债比例加大，权益资本上升逐渐加速，虽然负债在全部融资结构中比例增加，但不能抵消权益资本成本快速上升的影响，结果使加权平均成本下降到最低点后开始上升。其核心观点认为债务成本率、权益资本成本率和加权平均资本成本率会随着融资结构的变化而变化。该理论认为股权资本与债务资本的资本成本的高低与企业所利用的财务杠杆比率有关，而企业价值又决定所利用资本成本的大小，因此企业存在一个最优的融资结构。

（四）对早期融资结构理论的评述

以上三种理论都是在企业和个人所得税为零的条件下提出的，同时考虑了融资结构对资本成本和企业价值的双重影响，三种理论都是在经验判断的基础上提出的，但缺乏理论意义，故没有得到理论界的认可和进一步的发展研究。但这些理论为融资结构理论的研究提供了一种思路，尤其是传统折衷理论提出了最优融资结构的存在，为后来的融资结构理论研究奠定了一定的基础。

总之，早期的融资结构理论有着共同的特点，即都是在企业和个人所得税为零的条件下提出的，同时考虑了融资结构对资本成本和企业价值的双重影响。但是这三种理论都只是从直观角度提出的，既没有建立理论逻辑模型进行严格论证，也没有运用数学方法进行严密推导，同时也缺乏充分的经验基础和统计分析依据做支持。因此，严格来说，它们还不能称之为理论，只是经验和假设，但是其基本思路对后来的研究具有极大的借鉴意义。

在杜兰特之后，融资结构理论研究集中于对资产负债比率的研究，主要探讨通过调整资产负债比率提高企业价值的问题，并取得了积极的成果。

二、旧企业融资结构理论

现代融资结构理论始于 1958 年，而标志现代融资结构理论形成的是 1958 年 6 月现代理财学之父默顿·米勒（Merton Miller）教授和其合作伙伴佛兰柯·莫迪利亚尼（Franco Modigliani）教授在《美国经济评论》上共同发表了题为《资本成本、公司理财和投资理论》（*The Cost of Capital*, *Corporation Finance and the Theory of Investment*）的研究成果。他们在该篇文章中提出了著名的 MM 定理（融资结构无关论）。此后，融资结构理论迅速成为理论界研究的热点问题。包括米勒和莫迪利亚尼本人在内的诸多学者逐步放松假设条件对 MM 定理进行补充和修正，从而形成了一个完整的现代融资结构理论体系。

按照是否引入不对称信息理论，现代融资结构理论可以分为旧企业融资结构理论和新企业融资结构理论。旧企业融资结构理论主要包括 MM 定理、考虑企业所得税的 MM 模型、税差学派、破产成本学派和权衡理论等。在这一体系中又主要包括两个分支：税差学派和破产成本学派。而权衡理论将这两大学派统一到了一个体系中。税差学派从税收角度主要探讨税收差异对融资结构的影响，最后形成了著名的米勒模型。税差学派主要以法勒（Farrar）、赛因（Selwyn）、布伦南（Brennan）和斯塔普莱顿（Stapleton）为代表；破产成本学派则从破产成本出发研究破产成本对融资结构的影响，再延伸到财务困境成本等。新融资结构理论主要包括四大流派，即代理成本理论、信号传递理论、控制权理论、融资结构产业组织理论。以下部分主要阐述以 MM 定理为重要起点的现代企业融资结构理论及其之后的发展。

（一）MM 定理

MM 定理在融资结构理论史上具有里程碑的意义，第一次使融资结构的研究成为一种严格的、科学的理论，也标志着现代融资结构理论的创立。该理论力图通过企业融资结构的表面现象，探寻企业融资结构的规律，从而找出公司价值与融资结构之间的内在联系。莫迪利亚尼和米勒两位教授也由于在研究融资结构理论上所取得的突出成绩，分别于 1995 年和 1990 年获得了诺贝尔经济学奖。

1958 年，美国经济学家莫迪利安尼和米勒在其经典性论文《资本成本、公司理财和投资理论》（*The Cost of Capital，Corporation Finance and the Theory of Investment*）中指出，在完美市场假设下，企业价值只与企业所有资产的预期收益额和企业所对应的资本化率有关，而与融资结构无关。简单地说，就是蛋糕的大小与蛋糕如何进行分割无关。MM 定理不但包括此文中的三个核心命题，还包括他们在此后的几年中发表的相关补充和修正。这里所谓的完美市场是指：第一，无费用的资本市场。没有市场交易成本、没有政府的限制，可以自由地交易，且资产可无限分割。第二，中性的个人所得税。无个人所得税或对股利、股息和资本所得课税是平等的。第三，完全竞争的市场。不管投资者和企业的行为如何，企业在任何时候都可按不变的价格转换证券；另外，企业不能影响市场利率结构。第四，借贷相等。投资者和企业同时可借入、借出资金和发行证券。第五，相同的期望。每个人都有相同的期望。第六，没有信息成本。企业和个人的可利用信息是相同的，而且获得这些信息是没有费用的。第七，无财务危机成本。企业和个人若发生财务危机或破产，不会发生财务危机成本（如清算费用、企业重组费用等）。MM 定理奠定了现代企业融资结构的基础，从企业经营者的目标和行为及投资者的目标和行为的角度出发，探索在一定的市场环境下这种目标和行为的相互冲突与一致，是融资结构理论史上的一座里程碑。然而，MM 定理的完善市场假设与企业实际经营环境差异较大，限制了它的使用价值，经济学家们不断放松假设条件，使其更贴近现实，从而推动了现代企业融资结构理论的发展。

（二）税差学派

从 1960 年开始，围绕对 MM 定理的批评和争论，现代企业融资结构理论出现了两大流派，即税差学派和破产成本学派。前者探讨在引入税收制度后，各类税收差异与融资结构的关系；后者研究破产成本对融资结构的影响。

MM 定理在假设的前提下，其论证非常有逻辑和严谨，但其假设下的理想状态资本市场在现实世界中很难达到。经济学家补充和发展了 MM 定理，放宽假定条件，以符合现实经济条件下的资本市场现况。1963 年，莫迪利安尼和米勒在进一步考虑了税收对公司资本成本的影响后提出，负债的利息费用在税前列支，债券融资可以获得节税优势，债权融资的成本将小于股权融资，因而公司价值与负债水平正相关。莫迪利安尼和米勒针对企业的市场价值并非只与期望税后报酬相关的现象提出修正后的 MM 定理。修正后的 MM 定理引入了企业所得税因素，认为在绝大多数国家，企业因债务融资而支付的利息可以在支付所得税之前扣除，负债有利于减轻企业的税负，增加股东的税后收益，因此，企业会选择更多地使用债务融资，采用高负债率以实现企业股东价值最大化。即：

$$V_L = V_U + tB \qquad\qquad (2-1)$$

其中，V_L 是有负债的企业均衡价值，V_U 是无任何负债的规模相同的企业均衡价值，t 是企业所得税率，B 是企业债务的市场均衡价值。显然，当负债比率达到 100% 时，企业价值达到最大。然而实际经验表明：每一位明智的财务经理都不会过度运用财务杠杆，许多财力雄厚的企业甚至不负债，这与修正后的 MM 定理产生分歧。

具体来说，令 V_L 是负债企业价值，V_U 是无负债企业价值，$EBIT$ 是企业息税前收益，I 是债券持有者获得的债券利息，t_S 是个人股票所得税率，t_D 是个人债券所得税率，t 是企业所得税率，K_U 是贴现率：

V_L ＝股东的净现金流贴现＋债券持有者的净现金流贴现

$$= \frac{(EBIT-I)(1-t)(1-t_S)}{K_U} + \frac{I(1-t_D)}{K_U}$$

$$= \frac{EBIT(1-t)(1-t_S)}{K_U} - \frac{I(1-t)(1-t_S)}{K_U} + \frac{I(1-t_D)}{K_U}$$

$$= V_U + \frac{I(1-t_D)}{K_U} \times \left[1 - \frac{(1-t)(1-t_S)}{1-t_D} \right] \qquad (2-2)$$

当所有税率都为零时，式（2-2）变为 $V_L = V_U$，这就是最初的 MM 定理。而当 $t_S = t_D$ 或者两者均为零时，式（2-2）变为 $V_L = V_U + \frac{I \times t}{K_U}$，这就是修正后的 MM 定理。当 $t_S < t_D$ 时，则 $1 - \frac{(1-t)(1-t_S)}{1-t_D} < t$，即债务融资的税收收益将会被抵消甚至消失。当 $(1-t)(1-t_S) = 1-t_D$ 时，$V_L = V_U$，即不论企业是使用债务融资还是权益融资，都无法从税收上取得好处，这时债券市场可以被看作是一个均衡市场。

与早期的融资结构理论的研究仅限于对事实的简单陈述和一些零散的观点相比，MM 定理最先采用了一般市场均衡的经济学的分析方法，以严谨的数学方法证明融资结构中负债的意义，并形成了完整的理论体系，因此有人认为 MM 定理是现代金融学的开端。但是，在现实经济活动中，几乎没有一家企业会用 MM 定理作为决定其融资结构的理论依据。这是因为 MM 定理基于一系列严格的假设条件，而这些假设条件不能准确地反映实际市场的运行情况。因此。MM 定理的局限性也就源于该理论的诸多假设条件。

（三）破产成本学派

破产成本学派的代表人物巴克斯特（Baxter）力图从理论上证明破产成本与 MM 定理的关系，奥尔特曼（Altman）和沃纳（Warner）等则从破产成本的衡量与估计出发，试图找到企业最优融资结构。

巴克斯特（Baxter，1967）指出，为了获取债务融资，企业必须能让债权人确信其存在足够的权益保障。因此，每个企业都存在一个"被债权人接受的债务水平"。企业的债务量一旦超过这一"可接受"水平，其平均资本成本就会随着债务水平的增加而提高，从而增加企业"破产"的可能性。他认为，过度的债务融资增加了企业破产的可能性，所以企业过度的债务融资必然会减少企业的总价值。但是，他同时指出，只有当债务水平超过一定水平，即债务在企业融资结构里占有相当比例时，破产风险才随着债务水平的增加变得日益重要。巴克斯特强调"债务杠杆的提高会增加破产的可能性，而破产成本的存在又会减少企业的总价值"。但是巴克斯特只是理论上提出破产成本对 MM 定理影响的可能性，并没有从方法上给予证明。

斯蒂格利茨和韦斯（Stiglitz and Weiss，1981）认为 MM 定理最大限制的假设条件就是没有破产，不过与巴克斯特不同，他们并不认为 MM 定理不成立，而是认为如果能给定某种更严格的条件限制，MM 定理也是成立的。

巴克斯特和斯蒂格利茨等为破产成本与融资结构的关系提供了大量证明，却没能准确地估计或衡量破产成本，他们中的许多人认为，破产成本很难独立进行衡量。

沃纳（Warner，1977）、奥尔特曼（Altman，1984）却依据经验数据估计和衡量破产成本。一般来说，破产成本包括直接破产成本和间接破产成本。按照沃纳的定义，直接破产成本包括律师和会计师的费用、其他职业性费用以及花费在破产行政管理上的管理时间价值。间接破产成本是企业销售不畅导致利润减少，以及企业除非按照十分恶劣的条款，否则无力获得信贷或发行证券的可能性，从而引发成本支出。沃纳又认为，直接破产成本一定会发生，间接破产成本却不一定，因此他完全忽略了间接破产成本。

奥尔特曼和霍奇基斯（2007）也把间接破产成本看作是丧失的机会成本，但是他们提出了确认和衡量预期间接破产成本的模型，即以预知的销售利润为基础来衡量间接破产成本。

（四）权衡理论

权衡理论形成于 1970 年以后，早期的权衡理论以梅耶斯（Myers）和斯科特

（Scott）等为代表，在受到米勒（Miller）的强烈批评后，又发展为以迪安吉罗和马苏利斯（DeAngelo and Masulis，1980）为代表的后期权衡理论。可以说，权衡理论是公司融资结构理论在1970~1980年最重要的发展成果。

企业负债经营时，如果经营效益差，就会在履行偿债义务方面存在困境，甚至会因此而破产，由此会引发企业的财务危机。财务危机成本主要包括直接成本和间接成本。直接成本是指企业破产、进行清算或者重组时所发生的各项费用，如支付的律师费、会计师费、清算费等有形成本和无形成本。而无形成本则指破产发生时，股东与债权人长期争执不休，企业生产经营活动不能正常进行，从而导致存货和固定资产的损坏或过时等资产损失以及企业因发生财务危机而错过的发展机会、丧失的技术优势和流失的人力资源等方面的成本。显然，无形成本是直接成本中相当可观的一部分。

权衡理论认为，有负债企业市场价值等于无负债企业市场价值加上负债的税收收益，再减去财务困境成本。即：

$$V_L = V_U + t \times B - FPV \tag{2-3}$$

其中，V_U表示无负债企业市场价值，V_L表示有负债企业市场价值，t表示公司所得税率，B表示公司负债的市场价值，FPV表示企业破产成本的期望现值。

如图2-2所示，存在最优负债比例B点使有负债企业价值最大。

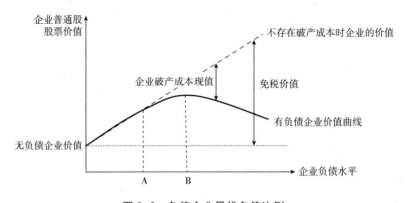

图2-2　负债企业最优负债比例

资料来源：杨兴全，郑军．基于代理成本的企业债务融资契约安排研究［J］．会计研究，2004（7）：61-66.

后期权衡理论的主要特点是将早期权衡理论中的破产成本进一步加以扩展，引入了代理成本、财务困境成本和非负债税收利益损失等成本概念和内容，这是后期权衡理论的重要贡献。

综上所述，权衡理论可以简单表述为：一方面，由于所得税的影响，债务利息带来抵税收益，所以随着债务比率的提高，综合资本成本下降，企业价值上升；另一方面，随着债务比率的提高，破产的可能性增大，由此增加了财务危机成本和代理成本，这会使综合资本成本上升，从而降低企业价值。所以，由于存在财务危机成本和代理成本，负债企业的价值应等于无负债企业的价值加上赋税节余，并扣除预期财务危机成本的现值和代理成本的现值。后期权衡理论指出，由于债券持有者有优先权，一旦企业破产，债权人可以从企业实物资产清算中获得一定的补偿，而股票所有者则不能。在企业破产可能性上升时，作为股东利益代表的企业经理，为保护股票持有者的利益，采取非最优的决策（如放弃净现值为正的项目等），用股票价值最大化替代企业市场价值最大化，从而带来额外成本。具体来说，有如下公式：

$$V_L = V_U + T_C \times B - FPV - APV \tag{2-4}$$

其中，V_U 表示无负债企业市场价值，V_L 表示有负债企业市场价值，T_C 表示公司所得税率，B 表示公司负债，FPV 表示企业破产成本的期望现值，APV 表示代理成本的现值。分析同图 2-2（注意此时图中的企业破产成本应变为企业破产成本与代理成本的现值之和）。

由于权衡理论引入了均衡的概念，从而使权衡理论在解释最佳融资结构方面具有先前的相关理论所没有的作用。可以说，权衡理论是公司融资结构理论在1970 年前后最重要的发展，也是现代融资结构理论发展过程中的最高境界。因为当融资结构理论发展至权衡理论和米勒模型时，MM 定理中的假设条件除信息充分假设外几乎全部被释放。但是，由于代理成本和破产成本的准确计量十分困难，从而使权衡理论在实际应用中受到了一定的限制。此外，权衡理论长期以来一直局限在税盾效应和财务困境成本（或破产成本）这两个概念的框架里，即仅考虑了税盾效应、财务困境成本等外部因素对企业资本成本和企业价值的影响，始终没有将内部因素引入融资结构的决定机制中。1979 年，信息经济学理论的发展给了融资结构理论全新的研究工具和研究视角，信息不对称理论和方法被引入到融资结构的研究之中，人们开始重视企业内部因素对企业资本成本和企业价值的影响，为此，融资结构理论进入了新融资结构理论时代。

（五）对旧企业融资结构理论的评述

现代融资结构理论阶段自 1958 年的无公司税负 MM 定理的提出开始，财务学家对融资结构问题的解释在理论上较早期融资结构理论是越来越严谨，发展到 1970~1980 年的权衡理论时，最初的 MM 定理的完美假设就只有充分信息假设还没被释放。

可以说，现代融资结构理论是融资结构理论中非常重要的一部分。首先，从前文的理论回顾可以看出，在数学的严谨形式下，现代融资结构理论是具有真正意义上的融资结构理论，从而为之后的融资结构理论的研究提供了研究起点和框架；其次，如前文所述，到后期的权衡理论就只有充分信息假设还没有被释放，为融资结构理论的研究提供了发展的空间。同时，现代融资结构理论为研究融资结构问题提供了最基本的方法论基础和经济分析的技术工具，建立了最基本的经济分析理论框架。

当然，现代融资结构理论具有相当的局限性。尽管从最初的 MM 定理到修正的 MM 定理，再到米勒模型，最后发展到权衡理论，每一步都有进步，但依然难以改变现代融资结构理论假设的苛刻，从而使该理论很难得到足够的实证研究的支持，也使融资结构理论的结论和公司的财务实践相去甚远。而对公司的财务行为的选择和融资结构的现实状况，现代融资结构理论的解释力非常薄弱。所以，现代融资结构理论是很难用来指导公司的财务实践的。

三、新企业融资结构理论

旧融资结构理论中有一个基本的假定"充分信息假定"，即市场中的信息是充分披露的，并且不存在信息使用成本。在此情况下，掌握相同信息的经济主体，对企业的盈利预期是相同的。但是，这一假设与现实的经济实际并不吻合，不对称信息随时存在。由于经营者处于企业的内部，经营者总是比投资者更了解企业的具体经营情况，能够掌握投资者所不了解的信息。掌握有利信息的经济主体在决策时往往处于优势，并通过这种优势去侵害缺乏信息的经济主体的利益，我国上市公司大股东侵犯小股东利益实际上也是信息不对称情况的一种反映。

旧融资结构理论发展到其最高境界的权衡理论时，尽管 MM 定理中的完美假设几乎都被释放，但完全信息假设还是没能被触及。在 1979 年以后，在信息经济学迅速发展起来后，融资结构理论在经济思想上的局限性也随即被打开，信息不对称被引入到融资结构的研究中来。由此，新融资结构理论时代到来。如何在信息不对称的情况下，确立企业的最佳融资结构成为 1979 年前后理论界研究的重点，并由此产生了一系列代表人物和代表著述，如詹森和麦克林（Jensen and Meckling，1976）发表的 *Theory of the Firm*，*Managerial Behavior*，*Agency Costs and Ownership Structure* 和 Brealey 等（1977）合著的 *Information Asymmetries*，*Financial Structure and Financial Intermediation* 等论文。与旧融资结构研究重视破产、税收等外部因素不同的是，这些研究试图通过信息不对称理论中的"信号""动机""激励"等概念，从企业"内部因素"的角度考察融资结构，将早期或现代融资结构理论中的权衡问题转化为结构或制度设计问题，为制度理财的引入提供了方向。人们通常认为，新融资结构理论起始于詹森和麦克林（Jensen and Meckling，1976）的开创性研究，1970～1989 年，逐渐形成了几个比较大的学派。而根据新融资结构理论的研究方法可以将其分为两个分支：一是以代理理论为主要方法的代理成本说、融资结构控制权理论；二是以信息不对称理论为主要方法的信号模型和新优序融资理论。

以 MM 定理为核心的旧企业融资结构理论把企业融资结构决策仅仅看成是企业融资问题，重点在企业现金流的配置问题上，主要基于债务融资与股权融资途径的分析，以及资金成本、杠杆比率、税收影响和运用安排等方面的研究。实际上企业融资结构的选择还应包括剩余控制权的配置，这就涉及企业的产权安排和企业的治理，要考虑与企业相关的利益主体的行为、利益冲突和决策环境。

20 世纪 70 年代以来，经济学家们将现代分析工具，如博弈论、信息经济学、委托代理理论等，引入融资结构分析。新融资结构理论将研究的视角转到企业内生的制度和结构性因素上来。可以用哈里斯和拉维夫（Harris and Raviv，1991）讨论的四种理论来概括融资结构理论的四种主要研究方向，即缓解对公司资源有索取权的不同群体之间的利益冲突（代理成本理论）、把私有信息传递给资本市场或缓解逆向选择的影响（信号传递理论）、影响公司控制权争夺的结果（控制权理论）以及影响产品或要素投入市场中的产品或竞争的特性（融资结构产业组织模型）。

（一）代理成本理论

代理成本理论的代表人物是詹森和麦克林（Jensen and Meckling，1976），是根据代理理论、企业理论和财产所有权理论来系统分析和解释信息不对称的企业融资结构学说的理论。其主要观点是债务资本和权益资本都存在代理成本，公司最优融资结构应该是能够使总代理成本最小的权益和负债的比例，在这一点上边际负债成本正好抵消边际负债收益，公司融资结构最优，公司价值也最大。而如果离开这点，随着债务融资比例的提高，负债融资利益将减少，反之负债融资成本将增加。

詹森和麦克林指出，在股权融资中，由于信息不对称，上市公司的大股东和管理层具有过度投资、损害公司债权人利益的倾向，造成公司价值小于管理权与经营权合一时的公司价值差额，产生所谓的股权代理成本。经理的股权越少，这种行为越严重，代理成本越大。当这种行为发生时，公司债权人为了保障自身的利益，便会要求获得更高的收益率，从而引起股票价格下跌，股权代理成本上升。因此，增加债务融资的比例会减少自由现金流量，增加经理剩余索取权比例，从而降低股权代理成本，如图2-3中 $AS_O(E)$ 所示，股权代理成本随负债率上升而下降。

在债务融资中，当投资项目取得较好收益时，高于债券利息的收益都归股东所有；当投资项目亏损时，由于有限责任，债权人将承担后果。这使股东会从事风险较大的投资项目。然而，由于债权人能理性地预期到股东的这种资产替代行为，债权人会要求更高的利率作为补偿，导致债务融资成本上升，这就是债权代理成本。

当公司债务融资比例上升时，债权代理成本上升，如图2-3中 $AB（E）$ 所示。

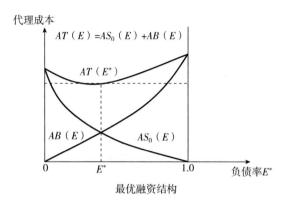

图 2-3　代理成本与融资关系

图 2-3 中，$AS_O（E）$ 表示股权代理成本，$AB（E）$ 表示债权代理成本。詹森和麦克林（Jensen and Meckling，1976）将公司价值分为三部分：由经理人持股的内部股权、由企业外部股东持有的外部股权和债务。由此产生了由两种代理成本所构成的总代理成本：持有股份的经理人员侵占外部股东利益所产生的代理成本和因债务融资所产生的代理成本。

综上所述，代理成本理论是建立在信息不对称条件下债权人与股东之间利益冲突基础上的。代理成本理论对融资结构的发展起着重要作用，它很好地描述了融资结构与代理成本的关系，但是，在应对债权人与股东的利益冲突的方式上，代理成本理论并没有做出相应的政策建议。

因此，最优融资结构就是决策与信息成本的关系。即当企业经营不善时，清算对股东更为有利，但经营者希望继续企业当前的运营，股东往往无法直接通过契约的方式消除这种风险，而债务融资则赋予债权人在企业现金流量不佳时强迫企业停业清算的权力，从而缓和这一矛盾。因此债务融资能在企业发生问题时及时保护股东免受更多伤害。然而，破产清算会产生额外的成本，如调查成本等。企业最优融资结构是破产决策成本与清算带来的额外成本之间权衡的结果。

戴蒙德（Diamond，1991）提出了声誉模型，主要强调了声誉在调和经理与债权人利益冲突时的作用，利用声誉缓解企业与债权人的冲突。戴蒙德认为，虽然股东常偏好风险较大、收益较高的项目，但由于关心自身信誉，经营者有动机寻求投资收益低、风险小的投资项目，使企业有充足资金应对债务需要。另外，企业的永续经营也使企业和经营者会有良好的声誉，从而降低企业未来融资成本，经营者自身价值也会提高。因此，历史悠久的企业为了避免信誉价值损失不会选择风险项目，而缺乏声誉的新企业则会选择风险项目。由于上述的声誉问题，举债能够化解股东与经营者之间的冲突。赫舒拉发和赛克（Hirshleifer and Thakor，1992）认为，选择安全项目能够减少债务融资成本，因此即使选择更有利于股东的风险项目，如果安全项目成功的可能性更大，经营者还是有动力选择安全项目；并且越可能被兼并的公司，其经营者对信誉的效用就越敏感，企业将拥有越多的债务。

财务契约理论是代理成本理论的延续，是关于财务契约能解决代理成本（与债务有关的全部代理成本）的融资结构理论。该理论的最早代表人物有布里克利等（Brickley et al.，1996），但他们的研究范围狭窄，因而影响不大。直到后来唐生（Townsend，1979）、戴蒙德和赫尔维格（Gale and Hellwig，1985）等学者加入后，才为它注入了经济理论，提高了分析档次，最终发展成为新融资结构理论的一个重要学派。他们认为，通过财务契约，一方面股东解决了因自身资源限制而难以获取有利可图的投资机会的尴尬处境；另一方面债权人规避了财务风险。因此，财务契约实现了"双赢"，由此减少了企业的代理成本，有助于企业实现价值最大化目标，有效财务契约下的融资结构也是最佳的财务结构。

财务契约理论的研究主要有两个方面：一是财务契约的设计；二是最优财务契约的条件。就财务契约的设计来说，研究如何设计财务条款来解决代理成本。可转换条款、可赎回条款、优先条款等就是经常用来解决代理成本的契约条款，这些条款能够降低债权人的监督成本，并且有利于股东从事净现值大于零的投资项目。

就最优财务契约的条件而言，财务契约能够部分解决债务的代理成本，因此最优财务契约可以带给企业最大的利益。然而，最优契约是标准的财务契约，即企业在具有偿债能力时，要求其支付固定款项的契约，否则企业面临破产的风险。因此，契约要求企业管理层向债权人或投资者充分披露企业的真实状况。

从理论上讲，财务契约与融资结构之间的逻辑关系或传导机制具有合理性，但是，融资结构的实践显示，财务契约与融资结构之间的传导机制存在缺陷，财务契约并不能解决股东与债权人之间的利益冲突。影响传导机制或传导机制受阻的根本原因在于，财务契约是债权人在信息不对称的情况下，为规避信用风险而设立的一系列条款。事实上，企业股东或所有者比债权人更了解企业，因此，这些条款不可能达到最优。从这个意义上说，财务契约不能完全消除代理成本。

（二）信号传递理论

信号传递理论认为，在金融市场上，与外部投资者相比，企业的经营者更了解企业内部的经营活动、未来风险和投资收益，因此，企业的经营者和投资者面临着比较典型的信息不对称环境。在信息不对称的条件下，公司市场价值被扭曲，进而会导致投资决策无效率。而不同的融资结构则向资本市场传递不同的公司价值信号，即信号传递理论认为，融资结构隐含了与公司前景相关的丰富信息。所以，外部投资者就可以根据经理人员的融资结构选择行为，通过分析其所传递的信息来评价公司市场价值。信号传递理论以美国经济学家罗斯（Ross，1977）提出的罗斯模型和布雷利等（Brealey et al.，1977）提出的风险厌恶模型最为出名。

从信息经济学的角度来说，代理理论研究的是事后的道德风险问题，信号传递理论研究的则是事前的逆向选择问题，代理成本理论讨论的是减少道德风险的激励问题，信号传递理论讨论的则是融资结构对投资者的信号作用。

信号传递理论探讨在信息不对称的情况下，企业怎样通过适当的方法向市场传递有关企业价值的信号，以此来影响投资者决策的理论。传递信号的方法通常分为两种：一是通过负债比例传递；二是通过内部人持股比例传递。

事实上，企业的财务造假行为就是一种典型的错误信号传递。这种判断的理由有二：一是尽管罗斯设立了对破产企业经营者进行惩罚的机制，但是，在破产和经营不佳之间仍存在一个较大的、最敏感的决策区域；二是罗斯对证券持有人的约束条件未作考虑。罗斯模型指出，企业内部经营者与外部投资者之间存在信息不对称——企业管理者对企业未来的收益和投资风险具有内部信息，而投资者没有这些内部信息，因此投资者只能通过管理者输出的信息来评价企业市场价值。企业资产负债率就是一种把内部信息传递给市场的信号工具。罗斯认为，由于破产概率与企业质量负相关，而与企业负债率正相关，低质量企业无法用高负债的手段模仿高质量企业。因此，资产负债率是一个积极信号，企业经营状况越好其资产负债率越高。

从这个意义上说，企业发行新股的消息将引起人们的猜测，还会导致股价的下跌。为避免股价下跌，管理者往往不用股本筹资的方式，而宁愿使用外部资金，优序融资顺序如下：第一，留存受益；第二，发行新债；第三，迫不得已将出售新股。

布雷利等（Brealey et al.，1977）提出了基于经营者风险厌恶的融资结构信息传递理论。他们认为，管理者是将一个可变的项目等同于一笔不确定的收益。管理者对收益的分布了解得比别人多，但由于他是风险的规避者，且财富有限，他希望与外部投资者共同分担这个项目，而在信息不对称的条件下，他还要使投资者相信项目的真实价值。为使投资顺利进行，就需要寻找可信的交流机制。同时，他们认为，在处于均衡状态时，管理者持有的股份能揭示其所了解的项目平均收益，因此只有当他们预期到未来现金流量和股票价格增长的情况下才会持有公司的股票，如果未来预期不佳，管理者就会发行新股，减少自己的持股比例。投资者也会认为项目质量是经营者拥有的股权份额的函数。因此，管理者的股份越高，传递的信息表明项目价值越高，企业的市场价值也就越大。因而，投资者可以根据管理者所持有的公司股份比例的大小来判断企业经营的好坏和投资价值的大小。

布雷利等（Brealey et al.，1977）认为，当信息不对称时，为了吸引外部投资者投资，企业家常常需要自己先投入资金，以此向潜在投资者发出信号表明这项投资是值得的。在均衡状态下，经营者持有的股权比例可以作为传递有关项目质量的信号，市场会认为项目质量是企业家自己所有权份额的一个函数。经营者的股份越高，传递的信息是项目价值越高，从而企业的市场价值也就越大。

（三）顺序融资理论模型

在信号理论的基础上，1984 年，梅耶斯在其《资本结构之谜》（The Capital Structure Puzzle）以及后来与梅吉拉夫合作的 Corporate Financing and Investment Decisions When Firms Have Information That Investors Do Not Have 一文中，在进一步考察信息不对称对融资结构影响的基础上提出了他们的优序融资理论（Myers and Majluf，1984）。

优序融资理论认为，在信息不对称条件下，管理者比外部人更为了解企业收益和投资的真实情况。外部人只能根据内部人所传递的信号来重新评价他们的投资决策。企业的融资结构、财务决策或者股利政策都是内部人传递信号的手段。假设企业为投资项目寻找新的融资方法，首先要考虑证券发行情况，因为管理者比潜在的投资者更清楚地知道投资项目的实际价值。如果项目的净现值为正，说明项目具有良好的营利能力，但在信息不对称条件下，代表旧股东利益的管理者不愿意把投资收益转让给新股东，所以，管理者不愿意发行新股以免把含有项目好消息的信号传递给投资者。投资者在知道管理者这种行为模式后，由此产生逆向选择，把公司发行新股界定为一种坏信息，在有效资本市场的假设下，投资者会根据项目价值重新正确地进行估价，从而影响到投资者对新股的出价，企业融资成本可能变成超过净现值，由此可以看出信息不对称对企业融资和投资决策的影响。因此，股权融资被认为是不好的信息。这时，如果企业选用一种没有被市场严重低估的证券来代替股票作为新项目融资的手段将是较好的选择，从而可以避免投资不足，它所传递的负信号将被大大减弱，筹资不足的问题也将在很大程度上得到缓解。但发行债券又受公司破产的制约，因此企业为新项目筹资时总是尽量先用内部筹资，其次是低风险债券筹资，最后不得已才采用股票筹资。由此，优序融资理论得出的结论是：从企业对融资方式的偏好顺序来看，企业融资一般会遵循内源融资—债务融资—外源融资—权益融资这样一种先后顺序进行。

迪安吉罗和马苏里斯（DeAngelo and Masulis，1980）的研究也表明，当企业发行债券回购股份时，股票价格就会上升；当发行股票来偿债时，股票就会下跌。因此，优序融资理论表明，企业市场价值和债务比率呈正相关关系，债务融资是一个高质量的、积极的市场信号，所以在市场经济条件下，企业应遵从的融资顺序先是内部筹资，其次是举债，最后才是发行新股。但克劳斯和里兹贝格（Kraus and Litzenberger，1973）却对优序融资理论提出了质疑，他们认为企业对直接债务融资的偏好未必就胜过股权融资，可以借助更为丰富的融资工具选择向市场传递信号，以解决投资不足的问题。

1956~1982 年，美国上市公司的融资顺序和该理论基本相符，但我国上市公司融资顺序和该理论并不完全相似。我国上市公司最偏爱的是内源融资，其次是发行股票，最后才是债务融资。优序融资理论只是揭示了企业在融资时对不同融资方式的偏好，但认为不存在明确的目标资产负债率，即没有某一特定的融资结构是最优的。

梅耶斯和梅吉拉夫（Myers and Majluf，1984）结合权衡理论、代理理论和信号传递理论提出了优序融资理论，即在非对称信息条件下经理比投资者更了解企业收益和投资等的真实情况，从而控股权和管理权的分离是信息非对称的根源，而信息的传递和企业融资决策密不可分。梅耶斯和梅吉拉夫的研究表明，由于信息不对称，存在逆向选择问题，企业为新项目融资所发行的股票会被外部投资者低估，导致股票价格下降和企业市场价值降低。当股价降低到投资者的净投资额小于项目净现值时，项目就会被放弃。非对称信息总是鼓励企业经营者少用股票融资，而发债又受到企业财务亏空制约，市场和投资者根据企业的融资来判断企业的价值创造，一般情况下融资优序如下：内部融资—债务融资—发行股票。即企业应该按照如下顺序进行融资，首先是内部积累资金；如果需要外部融资，企业将首先进行债务融资，直到因债务增加引起企业陷入财务亏空概率达到危险区时，才发行股票。梅耶斯和梅吉拉夫认为债务融资引起的因投资不足所形成的企业市场价值损失较少，所以债务融资条件下企业市场价值较高。

（四）对新企业融资结构理论的评述

融资结构理论发展到新融资结构理论阶段，最初的 MM 定理中的完美假设几乎都被释放。从这个角度上来说，新融资结构理论的贡献是卓越的，它以信息不对称理论为基础，提供以代理成本为核心的全新经济思想分析体系。应该说，新融资结构理论的最大亮点就是转向影响融资结构因素的内生性来研究融资结构，而非像现代融资结构理论以诸如税负、破产成本等外部因素来研究。新融资结构理论引入了信息不对称理论中的"信号""动机""激励"等概念，强调影响因素的内生性，从公司内部因素出发来分析融资结构问题，从而把传统融资结构的权衡难题转化为一个制度设计问题。这就打开了融资结构理论的经济思想，使其对决定因素的分析扩展到更为广泛的范围，使融资结构理论对资本机构问题的解释更具有一般性和稳定性，为融资结构理论的研究开辟了新方法。

但是，新融资结构理论的发展到了 1990 年以后却出现了"瓶颈"。一方面，由于新融资结构理论只关注到了融资结构决定了企业剩余收益的分配，而没有意识到融资结构同样也决定了企业剩余控制权的分配。另一方面，在于新融资结构理论的各个分支自身的缺陷。例如，代理成本理论中的代理成本很难准确度量；信号模型并没能提出若经理人向投资者传递错误信号时的解决机制；而优序融资理论只是揭示了企业在融资时对不同融资方式的偏好，并不认为存在某一特定的最优融资结构。

四、后融资结构理论

新融资结构理论的最大贡献就是释放了 MM 定理中的充分信息假设，但以信息经济学为中心的新融资结构理论在经过了从 1980 年开始的迅猛发展之后，到了后几年却难以为继。一方面是权衡理论在理论上一直没有取得突破；另一方面是信息不对称方法已经达到了收益递减的转折点。新融资结构理论需要寻找一个新的理论核心，它既能巩固新融资结构理论各学派的理论成果，又能突破信息不对称理论框架的束缚，从新的学术视野来分析和解释融资结构之谜。在这一背景下，融资结构的控制权理论、以产业组织为基础的融资结构理论和产品时机理论等应运而生。卢宇荣（2008）将其称之为后融资结构理论。

（一）控制权理论

控制权理论可以看成是詹森和麦克林（Jensen and Meckling，1976）代理成本理论和信号传递理论的发展。代理成本理论和信号传递理论研究的是不同融资结构对收益权分配的影响，而控制权理论研究的是不同融资结构对控制权的不同影响。股权和债务是重要的融资工具，也是非常重要的控制权基础。威廉姆森（Williamson，1988）认为，与其说股本和债务是融资工具，不如说两者是可以互相替代的公司治理结构。由于普通股有投票权而债务没有，谁投入资本谁就拥有相应的控制权。而由于企业管理者对控制权有一定的偏好，他们就会通过融资结构来影响控制权的分配，从而影响企业的市场价值。那么，企业控制权与企业融资结构之间的关系到底如何呢？这就是融资结构的控制权理论要着重研究的问题。控制权理论以哈里斯和拉维夫（Harris and Raviv，1988）、斯图尔兹（Stulz，1990）、阿洪和博尔顿（Aghion and Bolton，1992）为主要代表人物，其中又以阿洪和博尔顿所建立的模型最为著名。他们认为，公司控制权的分配和转移对公司价值有很大的影响。因为融资结构是由各种投资者控制的对公司所有要求权的相对比例，而这种要求权不仅指收益权和剩余索取权，还包括对公司的控制权。

阿洪和博尔顿通过解释债务契约和股权契约在目标上的不同来证明，债务的存在导致了控制权随着公司前景的变化而在经理人与债权人之间相互转移，并因此实现公司价值的最大化。他们在其模型中讨论了这样一种情况：目前存在的一个投资项目有两种发展前景，分别为好或坏。在前景为好的情况下，投资项目未来现金流的净现值为正，不论是股东、经理人还是债权人都希望项目持续运营下去。在前景为坏、投资项目未来现金流的净现值为负的情况下，公司的外部所有者（外部股东与债权人）希望结束项目进行清算，而经理人却不愿意清算。在此情况下，将控制权转移到债权人手中，对项目进行清算可以避免公司价值进一步的损失。

因为股权契约是与保持清偿能力前提下的公司经营权相联系的，而债务契约则是和破产机制相联系的。通过对负债水平的设定，就可以实现在正常的、好的情况下将控制权保留在经理人手中，当出现不利的、坏的收益信息时，由于项目的现金收入无法按期清偿债务，公司将被迫破产，使控制权转移到债权人手中并对其进行清算。因此，融资结构的选择可以通过公司控制权的相继转移来实现不同情况下的公司价值最大化。

上面着重分析了控制权在经理人和债权人之间的转移，除此之外，公司控制权还会因兼并/收购等原因从在任经理人转移到更有能力的代理权竞争者或管理集团手中。

在一个有效的资本市场中，如果因经营者管理不善而导致公司效益下降，其股价必然也会随之下跌。当股价下跌到一定程度时，公司就很可能成为敌意收购或代理权争夺的目标。如果公司被成功收购或在任经理人在代理权争夺中失利而使公司的控制权发生转移，对经理人而言就意味着失去工作及与职位相关的种种控制权收益。外部接管的潜在威胁使经理人不得不努力工作以提高公司价值，避免成为敌意收购或代理权争夺的目标。所以，控制权市场的存在是实现公司价值最大化的有利因素。企业控制权市场理论主要考察融资结构对控制权竞争结果的影响，带来企业价值的差异。它与代理成本理论最大的不同在于，代理成本理论把企业现金流作为固定的资产，债权人取得固定收益，股东获得剩余索取权，控制权没有得到足够的重视。虽然詹森和麦克林（Jensen and Meckling, 1976）提出，给经理一定的激励能影响其工作努力程度和经营决策，进而影响公司现金流，最终影响公司价值，但这里的控制权只是一种不可转移的控制权，而控制权理论则强调控制权可以在债权人与股东之间转移。

现实中，这种最优控制权理论相对应的是金融契约即负债契约：在企业进行负债融资的情况下，如果企业经营状况良好，企业控制权由股东所有，由股东通过股东大会选举的董事会将控制权委托给经营者来行使；如果企业经营状况恶化，债权人获得控制权，并对企业进行清算、重组或逼迫其破产。

哈特（Hart, 2001）吸收阿洪和博尔顿模型中"控制权相机转移"的思想，同时引入"公司持续经营与公司被清算"的矛盾，研究了最优融资契约和相应的最优控制权结构。研究表明，如果融资方式是发行带有投票权的普通股票，股东应该掌握控制权；如果融资方式是发行不带有投票权的优先股，经理人员应该掌握控制权；如果融资方式是发行债券和银行借款，在按期偿还债务本息的前提下，控制权仍由经理人掌握，一旦破产，控制权将转移到债权人手中。此外，该模型还注意到短期债务具有控制经理人员道德风险的作用，而长期债务（或股权）具有支持公司扩张的作用，因此认为最优融资结构应在这两者之间进行权衡。

（二）产业组织模型

以产业组织为基础的融资结构理论考虑的主要变量是产品价格和产品数量。因为对于厂商而言，这些考虑旨在影响竞争对手的行为，融资结构反过来影响厂商的均衡策略和支付。而根据哈里斯和拉维夫（Harris and Raviv，1991）对融资结构理论发展的分析，应用产业组织理论特征来讨论融资结构的模型可分为两类：第一类主要探讨公司融资结构和其产品市场竞争战略的关系；第二类则主要强调公司融资结构和其产品或投入品特征之间的关系。

研究公司融资结构和其产品市场竞争战略关系的主要代表人物有布兰德和刘易斯（Brander and Lewis，1986）。布兰德和刘易斯从债务的事前承诺效应角度分析了公司的融资决策对其产品市场竞争力的影响。他们认为，当公司破产时股东只承担有限责任，而当公司盈利良好时，股东却能独享偿还债务以后的全部收益，股东这种有限责任效应将促使财务杠杆高的公司采用更为激进的产品竞争战略。因此，公司债务的发行、负债比例的上升可以使公司在产品市场竞争中更具进攻性，从而增强其在产品市场上的竞争力。在布兰德和刘易斯1986年开创性的文章中，他们发现，对于在不完全竞争市场上进行产量竞争的公司而言，公司的债务水平与其在产品市场上的竞争力呈正相关关系，高负债的公司将在随后的产品市场竞争中采用更多激进的产量决策，并迫使对手减少产量，公司债务的增加使其在产品市场中相对于竞争公司来说更具有进攻性，这种进攻性的存在使其在产品市场竞争中处于一种战略优势。这时，负债比率便成为提高对下一阶段产品市场竞争策略承诺可信度的一种有效工具。

产品或产品市场特征与融资结构关系的文献主要考虑了消费者对某种特殊产品或服务的需求、产品对人力资本投入的要求、产品质量、工人或其他供货方的谈判能力等。蒂特曼和韦塞尔斯（Titman and Wessels，1988）认为，公司清算也许会增加消费者（或供货商）的成本，比如消费者可能没有能力寻找到可替代的产品、零部件或服务等。这些成本传递到股东方面便是以其公司产品的低价格形式体现的。结果，股东只有在清算公司的净收益大于施加给消费者的成本时才愿意清算公司。不幸的是，当公司投资人做清算决策时，他们忽略了这些成本。由于当公司破产时，股东总是不愿意而债权人总是希望清算公司，如果公司仅在清算净所得超过消费者所要负担的成本时清算，说明对于破产要使消费者承担较高成本的生产商（如计算机和汽车生产商）应该有较少的负债。蒂特曼和韦塞尔斯证明了通过调整融资结构可促使股东做出最优清算决策。一般而言，对于特殊的或耐用的产品，当生产商破产时，消费者要承担更高的成本，而非耐用品生产商破产则带给消费者的成本较低。

以产业组织理论为基础的融资结构模型得出了一些非常有意义的结论。比如，其中一些模型能够更具体地描述融资结构与所观察的产业特征，如行业的供给和需求状况、产业的竞争激烈程度等之间的关系。另外，一些学者也提出了进一步从产业组织理论角度探讨融资结构对产品价格和数量以外的其他变量选择的影响的思路。这些变量可能包括研发支出、广告费用、厂商生产能力等。这些研究能够帮助解释不同产业之间的公司融资结构的异同，对公司融资实践的指导意义在于：在其他条件相同的情况下，不同行业的公司或不同产品或其他特点的公司应该有不同的融资结构。总之，基于产业组织理论的战略公司财务是一个全新的研究课题，它不仅将公司融资决策看成是一种财务选择，还是一种基于产品市场竞争环境、公司战略以及资本市场环境的商业选择。

此外，产业组织理论中影响企业融资结构的特性包括财务杠杆对企业在产品市场竞争中的投资能力、产品定价行为和价值创造的影响，以及行业特性和产品市场竞争结构等对企业财务杠杆的影响等（朱武祥，2002）。

（三）动态调整模型

在企业发展的过程中，由于受外部环境和内部条件变化的影响，企业的最优融资结构是一个动态的过程，研究内容得到了极大的丰富和拓展。近年来，许多学者将研究视角集中在融资结构调整上，这也是融资结构发展的新方向。关于融资结构调整主要有两种理论：一种是以优序理论和市场机会理论为代表，该理论认为企业拥有的不是最优融资结构；另一种是以动态权衡理论为代表，该理论认为企业具有最优融资结构，并且行业将调整融资选择，使偏离最优融资结构的资产负债率接近最优融资结构，这个最佳水平是随着时间推移而变化的。动态权衡理论是基于静态权衡理论的拓展，企业的内部因素和外部因素都在不断变化。因此，最优融资结构也应相应调整。对于企业来说，由于调整成本的存在，企业不会立即调整融资结构来实现最优水平，只有当调整成本小于调整收益时，企业才会选择最优融资结构调整。在众多融资结构理论中，动态权衡理论得到了最广泛的支持和认可。动态融资结构调整模型考虑了三个因素：第一，目标融资结构是动态的；第二，融资结构调整存在成本；第三，资本市场摩擦的存在导致融资结构调整受限。黄继承等（2016）建立的标准局部调整模型为：

$$CS_{it} - CS_{it-1} = \delta_{it} \left(CS_{it}^* - CS_{it-1} \right) + \varepsilon_{it} \qquad (2-5)$$

其中，CS_{it}^* 和 CS_{it} 分别表示 i 企业在第 t 年的目标融资结构和实际融资结构，ε_{it} 表示随机误差性，δ_{it} 表示融资结构调整的弹性系数。弹性系数反映调整的快慢，也可间接反映调整成本的大小（刘砾丹等，2021）。林杰辉（2019）通过建立目标融资结构模型来制订融资方案并进行动态调整优化。这个模型由于能较好地权衡负债的成本和收益，可以拟合出企业的目标融资结构。

追求价值最大化的企业必然会不断调整融资结构，以期达到最优水平（姜付秀、黄继承，2011）。关于融资结构动态调整的研究主要集中在以下三个方面：第一，公司的成长性、规模等特征；第二，法律状况、宗教信仰等制度环境；第三，宏观经济条件，如经济周期和财政政策等。企业特征通过动态面板阈值模型进行融资结构调整，企业规模越大、持有的现金越多，其融资结构调整的速度越快；公司的成长性越高，融资结构偏离程度越大，融资结构动态调整越快（常亮、连玉君，2013）。公司负债越重、赤字越高、盈利越强、成长性越快，融资结构调整速度越快（郑曼妮、黎文靖，2018）。企业融资结构的调整与证券市场行为和资本市场环境密切相关，融资渠道的畅通和融资成本的降低显著影响着企业融资结构的调整速度。

（四）对后融资结构理论的评述

如前文所述，长期以来，财务经济学者们在现代融资结构理论研究的先驱莫迪利安尼和米勒以及他们提出的 MM 定理的指导下研究企业的负债和股权问题。后融资结构理论发展至产业经济学、公司金融学领域，对企业在产品市场的竞争行为进行研究，并结合企业的财务结构，建立企业之间相互影响的模型，不仅关注有关价格与产量的决策、价格竞争和非价格竞争等问题，而且在考虑产品市场竞争的情况下对企业的财务策略进行研究，把企业的收益看作是源于"黑匣子"或者服从某个特定的概率分布。但依然存在两个或多个学科相互脱节的情况，即无论是公司金融理论还是产业组织理论，后融资结构理论结合现实中的企业行为做出合理的解释，甚至有时会各自得出相反的结论。在企业界，不仅重视企业的融资结构决策，而且重视企业的产品市场竞争战略。

新理论不断发展的研究表明，企业的融资结构决策是基于产品市场竞争环境、公司战略以及资本市场环境等因素的综合选择。金融和经济学者们的研究不仅是对企业融资结构与产品市场竞争这一课题的研究和发展，更为重要的是这些研究工作打破了传统上的公司财务理论和产业组织理论各自为政、分别研究的状况，开创了一个新的更为广阔的研究领域。正如著名经济学家梯若尔（2007）所指出的那样，对企业融资决策与产品市场战略之间相互关系的研究，是一个极其重要但未引起足够重视的领域，这一领域研究的不断深入将会极大地推动产业组织理论和公司金融理论的发展。

第二节　现代融资结构理论的新发展

随着新的经济理论的出现，现代融资结构理论又有了新的发展。

一、融资结构与行为金融学

行为金融学是从 1980 年以来迅速崛起的学科，它采取了有限理性和有限套利的假设，注重研究投资者的实际投资行为。行为金融学把投资决策看成是投资者在一种心理上计量风险与收益并进行决策的过程，因此受投资者的心理特征影响。行为金融理论认为，除了公司的投资行为，投资者的非理性所导致的股票价格偏离真实价值也会极大地影响公司的筹融资行为。正如斯泰因（Stein，1996）的模型所指出的，当股票市场非理性时，理性公司经理人应当在公司股价被高估时发行更多的股票以利用投资者的过度热情；反之，当股票价格被低估时，则应该回购股票。这个理论被称为"市场时机理论"（Market Timing Theory）。

由此可见，市场时机理论假设投资者是非理性的，公司经理是理性的，这样公司经理就可以利用投资者错误估价的市场时机，使老股东获取实际收益。所以，市场时机理论认为，市场时机对企业融资结构具有显著的影响。该理论的主要代表人物是贝克、沃格勒和瑞特等。他们认为，由于市场的无效率，公司融资决策随着债务和权益价值的变化而变化。公司一般选择股票市场行情上涨阶段实施增发，而股票被低估的公司倾向于延迟增发，直到股价上涨到适当水平。而且公司能够预测到股票市场上"市场失灵"在何时出现，当一家公司的价值被市场高估的时候，公司会抓住这一"机会窗口"（Window of Opportunity）发行新股。该理论也得到了一些经验研究的支持，比如，格拉汉姆和哈维（Graham and Harvey，2001）对 300 多家美国公司管理者进行了问卷调查，有 2/3 的财务主管认为"股票市场对公司股票价格的评估是决定是否发行股票的重要考虑因素"。同时，与公司证券发行有关的一些实证结果也对"市场时机理论"给予了证实。比如，众多学者对首次公开发行（Initial Public Offering，IPO）和增发新股（Secondary Equity Offering，SEO）总规模随股票市场周期的变化以及对 IPO 和 SEO 后的事件研究发现，IPO 和 SEO 后的股票长期回报下降，而宣布回购股票的公司长期回报上升。从 1980 年开始，行为金融理论获得了快速发展，同时也被应用于公司融资中，即行为公司财务理论。该理论将人的心理活动行为结合到财务理论中，试图解释经济现象的本质。它假定人们是回避损失、易于接受次优选择的，过度自信和偏见是根深蒂固的。舍夫林（2007）认为股东价值最大化存在两个重要的行为障碍，一个是厂商内部障碍（称为行为成本），指公司管理人员由于认知错误或感情用事而导致的价值损失的差错；另一个是厂商外部障碍，主要指投资者的非理性行为。

（一）管理者非理性下的企业融资结构决策

舍夫林指出，由于管理者对投资前景过度乐观、对投资成功过度自信、对投资损失厌恶，他们做出的决策不一定是理性的，如过度自信的 CEO 可能会低估项目失败的风险，不情愿使用外部融资的方式，导致过高使用负债比例。兰弟和赛思莫（Landier and Thesmar，2009）认为，多数企业家具有乐观的特质，当公司债务融资受限时，乐观的管理者选择短期债务融资，现实的管理者则选择长期债务融资。而非理性行为带来的成本并不能通过设计更好的激励机制而改变。管理者过度自信就是管理者过高估计企业未来经营业绩，而过低估计企业经营风险的一种心理认知偏差。对于投资收益的过高估计和投资风险的过低估计使过度自信管理者投资决策标准——NPV 发生上偏。以有偏的 NPV作为投资项目取舍的标准就不可避免地发生投资过度和投资不足（Ben-David et al.，2007）。

（二）投资者非理性下的企业融资结构决策

斯泰因（Stein，1996）假设股票市场非理性而企业管理者理性，其追求公司价值最大化。当股价被高估时，投资者对公司前景预期过于乐观，必然会狂热地购买该公司股票，管理者应利用这种非理性发行更多股票；反之，管理者倾向于回购股票。这就是"市场时机假说"或"机会窗口理论"，它认为企业存在最佳的融资时机。

贝克和沃格勒（Baker and Wurgler，2002）实证研究发现，高的股票增发价格往往预示着低的甚至是负的未来回报。许多学者进一步研究，提出了基于市场时机假说的融资结构理论，该理论认为，企业当前的融资结构是过去利用市场时机累积的结果，因此市场时机对融资结构有着持久的影响。赵蒲和孙爱英（2004）运用市场时机理论建立了数学模型，证明了在非理性投资者和管理人员的相互作用下，乐观的市场预期引起的"市场时机"选择行为导致较低的财务杠杆，并且随市场低估程度增加更加明显；反之，悲观的市场预期则导致较高的财务杠杆，甚至引起企业回购股票。总之，投资者非理性行为影响企业融资结构决策。

二、融资结构与企业外部环境

著名的战略管理学家迈克尔·波特（Michael E. Porter）认为，形成竞争战略的实质就是将一个公司与其环境相联系。从这一意义上来说，企业最优融资结构是企业不断调整，以与其外部环境相适应的结果。企业的外部环境包括金融环境、法律环境和宏观政策制度。

融资环境通常与企业所属行业相关，如涉及环境污染的特殊行业等，其资产使用专属性较强。研究外部环境与资产专用性相关，Williamson（1988）曾以炼油厂为例，说明了环境因素与融资之间的关系。资产专用性是企业纵向一体化的主要原因。炼油企业的原油加工有很多不同的阶段，从交易成本经济学的角度来看，储油罐具有高度的专用性，假如改变用途，其残值将连废铁也不如；沥青的场地也具有高度专用性，如果要转产或转给他人使用，必须花费很高的代价。因此，像这些专用性高的资产必须建立纵向一体化的治理机制，只有这样才能减少机会主义，节省交易成本。对于某个特定的投资项目，资产专用性是融资方式选择的决定性因素，当这个项目中包含了多种专用性高的资产投资时，专用性高的资产难以轻易地调换和处理。尤其在企业破产进行清算时，这些专用性高的资产有可能一文不值。也就是说，专用性高的资产对债权人的担保作用很小，相反地，它使债权人要面临很高的财务风险。这时，债务这种治理方式将阻碍企业对该项目进行投资。反过来，在企业要投资专用性高的资产时，通过股权融资将是一种合理的方式。因此，当企业某个投资项目资产专用性较高时，会限制债务融资的能力，导致资产负债率低。

拉波塔、洛配兹·西拉内斯、施莱弗、维什尼（La Porta、Lopez-de-

Silanes、Shleifer、Vishny，以下简称 LLSV 组合）研究不同法系条件下的投资者法律保护、法律起源及执法质量及其与金融市场发展的关系（La Porta et al.，1998）。上述任何一个融资结构理论都有一个不加以说明的前提条件，即一旦参与企业活动的利益相关者的利益或权利遭到侵害时，外部法律可以对其进行有效的保护。然而，事实并非如此，各个国家法律完善程度的差异导致投资者所受保护程度不同，从而决策融资结构不同。

法律环境方面，如杨丹（2013）研究表明，持股比例与融资结构相关。在无产业政策等相关法律支持的情况下，第一大股东持股比例与投资效率呈负相关关系，非国有控股企业的管理层持股比例与投资效率呈正相关关系；在有产业政策等法律法规的支持下，第一大股东持股比例与企业投资效率呈正相关，国有控股企业的管理层持股比例与投资效率的相关性不显著。甘勤（2016）从市场化水平、政府干预程度、金融环境和法律环境等外部环境因素探讨外部治理环境与内部控制对房地产企业融资的影响，其研究表明，市场化水平越高，政府干预越小，金融和法制环境越完善，企业的融资行为越有效，越有利于抑制投资的非效率行为。

同时，虽然我国企业所得税率偏高，即债务融资吸引力应该更大，然而事实上我国债务融资比重远远小于股权融资比重。这与我国市场机制尚不健全、资本市场尚不发达、融资方式有限、税收结构以流转税为主导致依靠所得税获得税收收益较少等事实是分不开的。因此，西方融资结构理论在我国的具体应用还应结合具体的环境具体分析。

三、融资结构和产业生命周期

任何产品和人力资本都有生命周期，可分为初创期、成长期、成熟期和衰退期。在整个生命周期过程中，销售额和净利润呈现明显的倒"U"型曲线。企业要根据自己所处的产业生命周期的不同阶段进行融资结构决策，以适应技术不断变化、产品持续改进和公司进行战略转型的需要。

融资成长周期理论认为在不同生命周期阶段企业融资结构会随着规模、信息、资金需求等因素的变化具有不同特征，该理论将企业融资成长周期的成长期又具体分为成长阶段Ⅰ、成长阶段Ⅱ、成长阶段Ⅲ。根据融资成长周期理论，企业在不同生命周期阶段会面临不同的融资结构选择。不同发展阶段对资金的需求不同，从而决定了企业有不同的融资偏好。产业分类的不同也会使企业融资偏好发生改变，战略性新兴产业是国家重点培育和扶持的对象，来自政府的各项补贴政策也是其融资结构的重要组成部分。第一，成长期处于起步阶段，内部盈利较少，现金流不稳定，企业的经营目标是迅速占领市场，扩大产品销售额和外部竞争力，负债融资会增大企业财务杠杆进而带来经营风险，一旦企业资金无法周转便会影响研发活动。战略性新兴产业中的企业是国家引导和培育的重点对象，尤其对于成长期企业而言，政府一系列政策的制定和落实能帮助它们迅速发展壮大，其中主要以提供资金补助和税收优惠为主。成长期企业资金主要来源于政府补助和股权融资。第二，成熟期企业进入平稳发展阶段，企业规模、营利能力、风险承担能力达到稳定状态，研发活动强度处于最高水平，外部投资者基于对企业发展前景的良好预期而乐意提供资金。债权人更看重对企业风险的规避，要求更高的债务风险溢价，使债权融资难度增大，因而成熟期企业倾向于采用股权融资而不是债权融资（蒋亚朋、王义茹，2015）。第三，衰退期企业产品市场占有率减少，盈利能力下降，面临重组或清算。外部投资者可能会担忧企业未来是否能转型成功而不愿意为其提供过多的资金，也有可能会预期企业未来转型成功或者经过并购重组后能重获新生，继而乐意为企业提供资金。但内部盈余下降使衰退期企业对债权融资的态度变得更为谨慎，会尽量避免因财务杠杆风险而致使内部资金链断裂，不过受国家对战略性新兴产业的政策庇护，财政补贴在一定程度上缓解了衰退期企业的融资约束现象。

赵蒲和孙爱英（2005）运用计量经济模型，基于中国上市公司数据首次对产业生命周期和融资结构的互动关系进行了较全面的实证研究。他们的研究表明，处于产业生命周期不同阶段的上市公司融资结构存在显著差异；产业生命周期的不同阶段能稳定、有效地影响上市公司融资结构。他们还指出，处于成长阶段的上市公司由于内部融资能力强、增长机会多，通常会保持较低的财务杠杆，融资结构和成长阶段显著负相关；处于衰退阶段的上市公司的经营风险高而财务风险低，因此倾向于选择较高的债务水平，融资结构和衰退阶段显著正相关。

另外，随着新厂商理论的提出，融资结构理论又得到了新的发展。新厂商理论认为，企业的资产价值集中体现在"核心资产"（即对企业最有价值的资产）上。在一些知识型的新型企业中，核心资产就是人力资本；在一些分销企业中，核心资产就是其"渠道"，也就是市场资本。拉詹和子格拉斯（Rajan and Zingales，1995）认为企业核心资产拥有者以及其他的利益相关者（如员工、主要顾客和供应商，甚至政府）是除股东和债权人之外的企业剩余价值的索取者，他们按照自身的谈判能力共同影响着企业的价值。

第三节　融资结构影响因素的理论分析及研究综述

融资结构受许多因素的影响，在不同的经济和社会环境下，融资结构各个影响因素对企业的影响作用也不相同。本节通过理论和实证相结合的分析方法对我国上市公司融资结构的影响因素进行分析，以观察各因素对融资结构的作用方向以及影响程度。本节首先从理论角度以及对前人关于融资结构影响因素的实证研究方面进行了概括性的回顾，以期从中提取出各种影响融资结构的因素，为本节后半部分的实证研究提供基础。其次在明确了融资结构影响因素之后，构建了本节实证研究的模型，进而对实证研究的结果进行分析。

大量的理论和实证研究都表明，存在诸多的因素影响企业的融资结构。但相关的研究只是从某一个方面或某几个方面进行了分析研究，并未能全面、充分地对影响企业融资结构的因素进行分析。在此对融资结构的影响因素进行理论分析，并对以往的研究进行梳理。综合以往对影响融资结构的因素分析，大致可以分为国家因素、宏观经济因素、法律制度因素、行业因素、产品市场竞争因素、公司规模特征因素和公司治理因素。

一、国家因素

在早期融资结构的实证文献中，大多采用一国的数据来进行实证检验。然而随着研究的深入，学者们发现世界各国的公司融资结构有着不同特点，其影响因素也各有差异。为了解释这种差异产生的原因，近年来的主流文献开始采用多国数据对融资结构进行比较的实证研究。

斯通希尔等（Stonehill et al.，1975）对法国、日本、荷兰、挪威和美国五个国家的企业进行了问卷调查，调查内容包括企业的财务目标和负债比率的决定因素。研究发现，国家因素比行业因素和公司特征因素更具影响力。凯斯特（Kester，1986）分析了美国和日本使用负债融资的国别差异。除税收外，较美国而言，日本主要融资制度安排中大部分更多支持负债融资。伯格洛夫（Berglof，1990）研究发现，行政主导型国家与市场主导型国家的企业融资结构存在显著差异。梅耶斯（Myers，1984）分析了英美体系国家和德日体系国家融资结构的区别，发现英美体系国家中的公司更多地依赖内源融资，而在德日体系国家中的公司则更多地采用了外源融资方式。拉詹和子格拉斯（Rajan and Zingales，1995）也对 G7（西方七国集团）国家的融资结构进行了系统的比较，实证结果发现，英国和德国在七国中具有最低的杠杆，其他国家具有非常相近的杠杆。华迩德（Wald，1999）对法国、德国、日本、英国和美国五个国家的融资结构进行了比较和实证研究。结果发现，不同国家的法律机制和制度差异对融资结构有显著的影响，德国和英国比其他国家使用更少的负债。他的发现与拉詹和子格拉斯的结论一致。布斯等（Booth et al.，2001）对 10 个发展中国家的融资结构的研究结果表明，影响发达国家公司融资结构的因素同样对发展中国家有影响，但就发展中国家内部来说，公司融资结构还是受到各国特定的因素影响。豪（Hall，2002）研究了 10 个欧洲国家的中小企业融资结构的国别影响。研究发现，不同国家的中小企业融资结构影响因素存在国别差异，这种差异可能与不同程度的代理成本、信息不对称、信号传递成本有关。

二、宏观经济因素

宏观经济对企业融资结构的影响主要体现在宏观经济的基本发展状况、资本市场发育的程度和宏观经济政策三个方面。

（一）宏观经济的基本发展状况

宏观经济的基本发展状况主要包括经济增长速度和通货膨胀等。经济增长率是反映一国宏观经济总体状况最具概括性的指标，其波动在一定程度上反映了经济周期性波动的情况。当经济增长率较高时，经济处于繁荣时期，市场需求旺盛，企业的营利水平较高且具有良好的预期。在权衡理论框架下，此时企业有能力承担较大还款付息压力，而且适当提高资产负债率还可以享受债务利息的税收减免优势，所以企业会更倾向于债权融资，提高财务杠杆正效应。而按照代理成本理论，面对良好的投资机会和企业内部丰富的现金流，增加债务能够起到约束经理人盲目投资行为的作用，避免经理人做出放弃净现值为正的项目的机会主义行为，保证企业持续发展的能力，所以企业也会更倾向于债券融资；相反，如果经济增长率较低时，企业更倾向于股权融资方式。可见，理论上企业融资结构应与经济增长率的变化正相关。

通货膨胀率对融资结构的影响主要体现在三个方面：第一，随着通货膨胀的价格波动使企业原材料的成本、产品价格和销售量的不确定性加大，企业的经营风险加大。而与此同时，再增加财务风险是非常不明智的选择。所以，此时大多数企业都不会选择负债筹资。第二，通货膨胀在提高公司经营风险的同时，也增加了企业丧失税收减免利益的风险。税收减免利益的丧失使负债筹资失去了吸引力。所以，企业倾向于降低财务杠杆比率。第三，通货膨胀使企业从未来投资项目中获得的预期现金流变得不确定，所以企业在评估投资项目时不得不使用更高的贴现率来进行弥补，进而企业的资金需求降低，利用债务筹资的意愿减弱。从理论上看，通货膨胀率与融资结构存在负相关关系。但是，实证分析却得出了不一样的结果。迪安吉罗和马苏利斯（DeAngelo and Masulis，1980）认为，一方面，通货膨胀降低了债务的真实成本，因此在通货膨胀期间公司倾向于使用债务融资；另一方面，随着通货膨胀的下降，收益相对固定的公司债券要高于股票收益，公司债券的整体需求上升。基姆和吴（Kim and Wu，1988）的研究也发现通货膨胀增加了负债水平。格拉汉姆和哈维（Graham and Harvey，2001）在对美国企业的调查中发现1/3美国制造公司的财务总监在进行财务决策时，考虑了诸如利息率和通货膨胀等宏观经济因素。

（二）资本市场发育的程度

现代融资结构理论隐含着理想资本市场的假设，即债务资本与权益资本的成本会在高度发达的资本市场中被合理地确定，企业可以无成本差异地自由选择债务与权益的数量进而决定最优融资结构。但在现实中，资本市场并不是完美的，交易费用和所得税的存在、不完全对称的信息等因素制约着管理者的融资结构决策行为，说明资本市场的反应程度对企业融资结构决策是有影响的。

资本市场由股票市场、长期债券市场、长期信贷市场和衍生工具市场组成。上市公司的融资决策主要受前三者的影响，而非上市公司的外部资金更多来自长期债券市场和信贷市场，因此对财务数据更加透明的上市公司进行融资结构决策分析时，应重点考虑股票市场与债券市场的作用。在不发达市场中，由于交易费用的存在，投资成本增加，使投资者在保持既定收益率的前提下会要求更高的资本利得收益率，很可能导致即期市价被低估，企业市场价值低于其均衡价值。对于发展程度相近的股票市场与债券市场，交易费用对投资者的影响是不同的，债务资本投资者获得固定的债息收益，债务资本的市场价值只有在利率波动时才会发生变化，且其变化程度可以被计量和预知。而权益资本的交易费用会导致股票价格较大幅度的波动，严重影响企业的市场价值。换句话说，债务资本的市场价值与预期实际价值的偏差较小，对企业融资结构决策的影响也就相对小些，但权益资本的市场价值与资本市场的发育情况有关，股票市场越发达的国家，企业越倾向于更高的权益负债比率，反之则倾向于债务融资。

德米古坎特和迈克斯沃维克（Demirgüç-Kunt and Maksimovic，1996）对资本市场的发展，特别是股票市场的发展对公司融资决策的影响进行了经验研究。他们发现股票市场发展对公司负债权益比率的影响取决于股票市场最初的发展水平。在股票市场不发达的国家中，当股票市场开始发展的时候，公司倾向于提高负债权益比率；然后随着股票市场的进一步发展，公司才倾向于用股权置换债权。布德和史密斯（Boyd and Smith，1996）建立了一种理论模型来解释德米古坎特和迈克斯沃维克的研究结果。在他们的模型中，债权市场和股权市场的发展水平与实物资本投资决策是相互影响的。为了降低成本，公司会逐渐减少债务融资的比例，更多地使用股权融资。他们的模型还说明了股票市场和银行是互补的而不是相互替代的。拉詹和子格拉斯（Rajan and Zingales，1995）认为，发达的金融中介和金融市场能减少市场不完全性，从而降低外源融资和内源融资成本差异。因此，对外源融资依赖性较强的企业发展得较快。他们以美国行业为基准分析了各行业的外源融资需求度，结论表明外源融资需求较高的行业在那些金融更为发达的国家增长更快。德米古坎特和迈克斯沃维克对各国公司融资结构进行了比较，他们发现在金融业发达的国家里，更多的公司会以超过现金流预期的速度增长，这反映了这些国家的外源融资能力较强、资金压力更小。在现实世界中，由于公司所得税、破产危机、代理问题等因素的存在，MM 定理假设的条件往往难以满足。早期的部分理论和实证文献也对目标融资结构的存在性提出了质疑，但企业目标融资结构的存在性也逐渐成为现代公司金融领域的共识（姜付秀、黄继承，2013；盛明泉等，2018）。

（三）宏观经济政策

宏观经济政策主要包括财政政策与货币政策，两者都会对企业融资结构产生影响。

1. 财政政策

若国家实施扩张性的财政政策，如政府投资增加，则企业会面临更多的投资机会。为了避免丢失未来的成长机会，企业更趋向于权益融资，降低资产负债比。同时，税率高低不仅直接影响着政府财政收入，还直接影响财政政策的取向，并最终决定着企业的融资结构。平均税率高的上市公司为了能享受负债利息的"节税效应"，其负债融资的动机相对较强，债务权益比就会相对较高；反之，平均税率较低的上市公司债务权益比就会相对较低。

2. 货币政策

货币政策手段主要包括利率和货币供给量两方面。利率升高，意味着国家将实行紧缩性的货币政策，反之将实行扩张性的货币政策。利率的升高势必会带来负债筹资成本的提升，因此企业会更多地采用股权融资；反之，利率降低时，企业会更多地采用负债融资，其原因有二：一是负债融资成本降低，二是负债利息还会给企业带来节税效应。影响企业融资决策的另一个货币政策是货币供给增长率。如果货币供给增长较快，说明国家的货币政策较为宽松，企业获得银行贷款相对容易；而如果货币增长速度放缓，则表示国家正在紧缩银根，企业获得贷款的难度加大。因此，货币政策的取向会影响企业融资方式的选择，进而影响企业的融资结构。

法玛（Fama，1980）认为，利率期限结构影响公司财务政策。Leland（1998）认为，利息率和通货膨胀的变动扭曲了税收利益和破产成本，因此也就影响着最优融资结构。克瑞杰克和莱维（Korajczyk and Levy，2003）应用概率模型分析研究 1984~1998 年证券发行的选择与公司财务杠杆比率时间变化的决定因素，结果表明宏观经济状况显著影响无财务约束的企业融资选择，对有财务约束的企业融资选择影响不大。

三、法律制度因素

不同国家的法律给予投资者不同程度的保护，投资者受法律保护的程度又影响着资本市场的发展，进而影响了公司的融资结构。显然，当投资者受法律保护的程度较高时，投资者就会很放心地把资金投入企业，而企业也很愿意从外部筹集资金。由此，就会促进股票市场和债券市场同时良性发展，进而也就有利于企业选择正确的融资方式，优化融资结构。拉波塔等（La Porta et al.，1998）用一系列的研究成果证明了法律体系对于外部投资者的保护与国家金融机构特征和效应差异密切相关。研究发现，在普通法法系国家，股东的权利得到了较好的保护，因此，这些国家的资本市场就比较发达，形成了市场主导型金融机构。民法法系国家（特别是法国）对投资者的保护最差，因而资本市场最不发达，形成了银行主导型的金融机构。

德米古坎特和迈克斯沃维克（Demirgüç-Kunt and Maksimovic，1996）也指出，好的法律和金融体系一方面能够有效地监督内部人员，另一方面可以确保外部投资者对公司信息的获取，使公司更容易通过筹集外部长期资金来实现理想的增长，因此，活跃的股市、较高的投资者受法律保护的程度与公司较高的增长率和较低的权益资本收益率有关。

我国对中小投资者的保护存在明显的大股东侵害小股东利益的现象。企业所在地的市场化程度越高，长期债务比重越低。因为，在相关法律体系尚不完善的制度环境下，政府干预作为司法体系的替代机制，降低了债务契约的履约成本，从而导致具有"政治关系"的企业在缺乏保护债权人的法律环境下仍能获得银行长期贷款的支持；相反，在市场化程度较高的地区，虽然政府已经放松了对企业和银行的控制，但由于缺乏完善的司法体系来保护债权人的利益，企业很难获得银行的长期贷款，"短债长借"成为了一种可能的替代机制。

四、行业因素

行业因素是否会对融资结构产生影响迄今为止还没有定论，现在从理论上来分析，如下所述：

首先，不同行业经营的业务特点不同、行业价值创造不同、资产结构不同、对资本的需求状况不同，所以其融资结构可能会不同。例如，在传统的制造型行业中，其在资产构成中有较高比例的存货和固定资产，资产有形率、可抵押资产比例较高；在技术型行业中，商誉、专利技术等无形资产比例较高，可抵押资产比例较低。企业举借有形资产抵押债务可以降低债权人由于信息不对称可能导致的信用风险，因此可以降低债务成本、增强企业举债能力，从而影响融资结构。

其次，因行业的竞争激烈程度不同，融资结构也可能会受到影响。例如，收益稳定、风险小的行业则多以债务融资方式为主，而竞争激烈、收益风险大的行业更倾向于股权融资。

最后，行为金融学中的"羊群效应"也能对融资结构的行业差别进行解释。

尽管个别公司向一个符合公司自身特征的目标融资结构进行动态调整会有一些好处，但同时也可能会因为"离群"（偏离行业均值）而承担额外的成本或受到市场的惩罚。比如，投资者可能会认为购买负债率远高于行业均值公司的股票所需承担的风险较大；银行也往往不愿意贷款给那些负债率远高于行业均值的公司。同时，由于公司经理人无法确定目标融资结构的真实价值，而市场参与者在面对不确定性信息时都有"搭便车"的心理倾向，这就促使他们会模仿他人，从而表现出"羊群"行为。从行业特性的角度来看，"羊群效应"会促使同行业公司具有相似的融资结构。同行业内公司间的信息具有较高的共享性，参照其他公司来设定自身的目标融资结构不会有太大的偏差，而且行业的划分标准越细，行业内公司间的可参照性就越高。如果行业内的多数公司都作出了这样的选择，那么整体上就会表现为"羊群效应"行为模式。

五、产品市场竞争因素

1950 年以来，国外财务经济学者和产业经济学者逐渐关注产品市场竞争与公司融资结构决策之间的关系，探讨融资结构对公司投资能力、产品定价行为和市场竞争策略的影响，行业特性和产品市场竞争对公司融资结构决策的影响，从而形成了融资结构的产品市场竞争理论。

一般地，同一行业的企业所面临的产品市场竞争较为相似，而不同行业的企业所面临的竞争格局往往不同，对应的经营风险也不同。对于垄断性行业中的企业，由于产品或服务的价格比较稳定，竞争不激烈，具有一次性投资规模大、后续投资小的特征，因此可以推断其融资结构中债务比例应该较高。而对于竞争激烈的行业和周期性行业中的企业，由于其产品竞争激烈、价格战频繁，或是受宏观经济环境及商业周期影响较大，这类行业一般会倾向于选择较低的财务杠杆，以使其在激烈的竞争中立于不败之地。

菲利普斯（Phillips，1995）以 1980~1990 年美国四个制造行业的数据为样本，研究融资结构与产品市场竞争之间的相互关系。研究发现在作为样本的四个行业中，有三个行业的产品市场决策与行业的平均债务水平呈负相关关系；在另一个行业中，其产品市场决策与其债务水平呈正相关关系，竞争性企业有低财务杠杆和相对较低的进入壁垒。

柯菲诺克和菲利普斯（Kovenock and Phillips，1997）考察了由于杠杆收购或杠杆融资债务比率增加后企业的产品市场行为。结果表明，对于集中度高的行业中的企业，高债务和工厂倒闭之间存在显著的正相关关系。

沙尔格罗德斯基（Schargrodsky，2002）分析了美国报纸行业产品市场竞争程度对融资结构的影响。他发现在报纸行业中，当产品市场竞争程度下降时企业的负债比率降低。当控制了其他决定杠杆的因素后，寡头企业的债务比率比垄断企业高。

利安着斯（Lyandres，2006）以2001年非垄断行业的83624家企业的财务数据为研究对象，检验了企业间竞争程度与最优融资结构的关系，发现无论是价格竞争、产量竞争或是其他形式的竞争，企业间竞争程度对融资结构都存在正向的影响。2006年，利安着斯从理论上推导出一个模型，表明了公司最优杠杆水平与产品市场上公司间竞争性交互的程度存在着正相关关系。他以同行业内竞争公司的数量和企业对于竞争对手的战略和行为的敏感度作为产品市场上公司间竞争交互程度的代理变量，并进行了实证研究，支持了该模型预测的结论。郑曼妮和黎文靖（2018）根据金融抑制理论，发现在利率管制和信贷歧视条件下，信贷配给制将导致过度负债的国有企业缺乏去杠杆能力。利率市场化后，过度负债企业的融资结构调整加快。王红建等（2018）认为，放松利率管制可以消除信贷市场摩擦，降低信贷风险和资本成本，加快融资结构调整。张胜等（2017）基于融资结构动态调整、创新与并购的视角，从债务资本可用性的角度研究了企业持有银行股份对其融资结构动态调整的影响。

六、公司规模特征因素

关于公司规模对融资结构的影响，众多的研究主要是从理论上和实证方面进行的，但到目前为止也还没有达成共识。一部分学者认为融资结构和公司规模正相关；另一部分学者认为融资结构和公司规模负相关。

玛希（Marsh，1982）从大、小公司在债务长、短期的不同选择偏好的现象出发，分析了其原因，从而得出大公司的融资结构具有高负债的特征。玛希认为，大公司更多地采用长期债务，而小公司更多地选择短期债务，原因可能在于大公司的长期债务具有规模经济。因此，公司规模越大，长期债务就越具有规模经济，债务成本也就越低。而小公司由于破产风险更大，长期筹资的成本更高，所以更多地选择了短期债务。由此，融资结构和公司规模正相关。法玛和詹森（Fama and Jensen，1983）则从信息传递的角度对融资结构和公司规模之间的相关性进行了分析。他们认为，由于大公司提供给债权人的信息要比小公司多，从而大公司和债权人之间信息不对称的程度要低一些，由此，债权人对公司的监督成本就要小些，债务成本也就相应低些。所以，债务规模就会增加，因此也得出了融资结构和公司规模正相关的结论。拉詹和子格拉斯（Rajan and Zingales，1995）提出了规模经营战略定理，即规模越大，破产的可能性越小。同时，信誉大的公司更倾向于多元化经营，其比信誉小的公司更加容易进入债权市场。所以，融资结构和公司规模正相关。

此外，斯科特（Scott，1976）、朗等（Lang et al.，1989）、哈里斯和汤森（Harris and Townsend，1981）、斯图尔兹（Stulz，1988）也都得出了融资结构和公司规模正相关的研究结论。

一些学者用公司规模作为违约概率的代理变量时发现财务杠杆受公司规模影响不明显，特别是在一些财务危机成本较低的国家。啄食顺序理论认为大的公司与金融市场间的信息不对称程度低，因而可以比小规模公司更容易采取权益融资。迪安吉罗和马苏利斯（DeAngelo and Masulis，1980）、柯瓦诺克和菲利普斯（Kovenock and Phillips，1997）、蒂特曼和韦塞尔斯（Titman and Wessels，1988）的实证研究则表明公司规模与融资结构负相关。

近年来，我国企业尤其是中小企业仍面临融资困难，融资约束已成为影响其发展的主要因素和主要限制条件。在这种情况下，融资成本的降低将有利于融资结构调整成本的降低，加快融资结构调整（盛明泉等，2018；巫岑等，2019）。

七、公司治理因素

公司治理因素影响融资结构的研究主要源自国外学者，国内学者对融资结构的研究则缺乏考虑公司治理因素。以下内容从公司治理的公司股权结构因素展开分析。

公司股权结构对融资结构的影响主要包括管理者持股情况、股权集中度、股东身份特征等。管理者持股对融资结构选择的影响是矛盾的。首先，詹森和麦克林的代理理论指出，管理者持股有助于使管理者和外部股东的利益相一致，减少由所有权和控制权分离所引起的代理成本。由此可以推断，公司负债率会随着管理者持股比例的增加而下降。此外，从管理者的角度来分析，因为管理者面临着以不可分散的人力资本为形式的更高的非系统风险，所以，管理者较外部股东而言更偏好低负债水平，而且随着管理者所持股份的增加，管理者风险厌恶程度增大，因此管理者更具有减少债务水平的激励。更何况，随着管理者所持股份的增加，管理者固守职位增强，管理者具有更多的自由度和控制公司债务政策的选择。所以，从以上两个角度来看，都能得出负债比率应该和管理者持股比例负相关的结论。

我国学者关于公司内部管理者持股对融资结构影响的观点主要有三种：第一种观点认为，由于我国上市公司管理层持股比例普遍偏低，管理者持股对融资结构的影响是不显著的；第二种观点认为，在我国上市公司的股本结构中，管理人员持有的股权比例难以凭他们持有的股权达到固守职位的状态，管理人员持股比例与融资结构之间是正相关关系；第三种观点认为，内部人持股比例与公司负债是负相关关系。

此外，股权集中度对融资结构选择的影响也是混合的。一方面，股权极度分散的公司，股东对管理者的监督是件非常困难的事情。由于监督管理者要付出成本，因而分散的股东们便存在"搭便车"的动机，而不去积极监督管理者。股权集中的公司，股东会采取负债作为控制管理者在职消费的工具，由此就会有更高的负债比率。例如，朗等（Lang et al.，1989）认为大股东可能比管理者持有更分散的投资组合（相对少的风险厌恶），因此大股东比管理者更愿追求更高的负债水平。而且大股东偏好使用负债作为纪律机制，这是监督管理者更直接的方法。由于负债作为治理机制较其他直接干预的成本低，股东偏好使用负债作为控制代理成本的机制。所以，负债作为大股东施加压力的其他潜在纪律的补充，股权集中度应与负债比率正相关。此外，还有一些学者以美国企业为研究样本，发现公司的债务比率与外部大股东的持股比例呈正相关关系。另一方面，如果从集中的大股东与管理者勾结侵害分散的中小股东利益的角度来分析，即大股东也可能通过"隧道行为"使公司的资源流失，则股权集中度又可能与债务比率负相关。大股东的出现可作为向市场传递管理层不大可能采取使公司价值减少的行动，因此减少了权益的代理成本，进而也就减缓了管理者使用负债作为信号的需要。所以，第一大股东持股比例应与负债水平负相关。

从现有的文献来看，有关公司治理对融资结构影响的研究多数是集中于管理者持股对融资结构的影响。但从我国的实际情况来看，股权结构按股东身份可分为国有股、法人股、社会公众股和内部职工股等，而其中除了社会公众股能自由流通外，其余的股份都不能流通，这种独特的股东身份特征是我国股权结构的最大特点。所以，我国学者在我国特定的制度和经济背景下对我国上市公司股东身份、国有股和法人股等非流通股比重大、流通股集中度低等特点与融资结构的关系进行了研究。

就目前的研究来看，对国有股与融资结构关系的研究有不同结论：负相关、正相关和不明确。肖作平（2004）认为，国有资产管理机构作为国家股的"代理人"，其在公司治理结构中并不是积极的监督者，难以对管理者进行有效的监督和约束，有时甚至会出现所有权虚置或缺位的情况。国家股权代表委派机制没有真正形成，没有解决好产权主体进入企业问题，国家股背后的产权模糊以及多重代理拉长代理链条，使所有者不能对管理者实行有效的控制和监督。由于国家股并没有真正的"人格化"，国家作为股东的监督、约束功能没有得到充分发挥，进而导致管理者降低债务比率以规避风险。

由于没有真正解决谁是国家股的代表而引起产权主体缺位，或者由于作为国家股代理人的国有资产管理机构在公司的治理结构中并不是积极的治理者，其难以对管理者进行有效的控制和监督。由此，国家股的存在将加剧公司的内部人控制并引发较严重的道德风险，从而进一步放大了管理者的权益代理成本。在这种情况下，当国家股比例增加时，其他外部股东尤其是持有流通股的外部股东因预期到更严重的权益代理成本的发生而进一步降低公司的价值。因此，为了降低代理成本，公司应该会选择更多的负债融资，即国有股比例与负债比率呈正相关关系。

此外，法人持股比例越高，对管理者的监管作用就越大。当外部其他股东预期到这一点后，会通过对股价做出反应来提高公司的价值。

对于社会公众股股东而言，"用手投票"和"用脚投票"都难以发挥作用，即社会公众股股东难以对管理者实施有效的监督。由此，社会公众股比例越高的公司，管理者就越有能力调节融资结构中的负债比率，从而有意愿降低债务比率以规避风险。因此，在其他条件相同的情况下，上市公司社会公众股比例与企业融资结构中的债务水平之间存在负相关关系。

第四节　理论研究总结

一、结论

综观上述国内外学者对融资结构影响因素的理论和实证研究，不难看出国外学者对融资结构影响因素的研究时间较长，且从多个角度进行研究，分别从国家、宏观经济、法律制度、行业、产品市场竞争、公司规模特征和公司治理结构等因素较全面地分析了融资结构的影响因素；而国内学者对融资结构的研究起步较晚，虽取得了一定的成果，但存在一定的问题。首先，国内的研究更多的是从公司特征角度出发，没有给予宏观方面等因素足够的重视，尤其是缺乏制度背景层面上的考虑。其次，中国特色考虑不充分：国外研究公司治理因素对融资结构的影响多是从管理者持股角度入手，但管理者持股现象在我国并不明显；相反，国有股比重大、流通股集中度低是我国上市公司独特的股权结构。而国内相应的研究没能突出这一中国特色。再次，缺乏对中国上市公司融资结构制度背景的研究，如股权模式、破产法、税法、债券市场的发展情况和管理者激励问题等。最后，多数研究者采用简单横截面数据静态回归技术，而融资结构是长期决策的结果，因此应适当加长时间进行动态分析。

本章内容对西方融资结构理论进行了详细的梳理和评述，同时也概括性地对我国学者研究融资结构理论进行了分析。目的有二：其一，详细掌握发展相对成熟的西方融资结构理论的成果和脉络；其二，通过对比国内外学者的相关研究，找到国内学者研究融资结构的问题所在，从而为本书提供研究分析的切入点，并得到如下结论：

第一，早期企业融资结构理论仅从直观角度分析，没有建立理论逻辑模型和数学方法进行推导，同时又缺乏充分的经验依据做支持，因此只能说是经验和假设，但不可否认其思路对后来的研究具有极大的借鉴意义。

第二，旧企业融资结构理论是具有真正意义上的融资结构理论的开始，其发展经历了最初的 MM 定理、修正的 MM 定理、米勒模型和权衡理论等阶段，完美假设也逐步被释放。以权衡理论为鼎盛的现代融资结构理论进一步扩展了影响融资结构的外部因素，同时也将财务困境成本和破产成本引入融资结构问题的研究中，不仅为之后的融资结构理论的研究提供了研究起点和框架，而且提供了最基本的方法论基础和经济分析的技术工具，但仍局限于充分信息假设的完美假设。

第三，新企业融资结构理论以代理理论、信号传递模型和优序融资理论为代表，它们以信息不对称理论为基础，提供以代理成本为核心的全新经济思想分析体系。新融资结构理论的最大亮点就是转向研究影响融资结构因素的内生性，从而把传统融资结构的权衡难题转化为一个制度设计问题，为融资结构理论研究开辟了新方法。

融资结构理论的持续发展突破了信息不对称理论框架的束缚，从新的学术视野尤其是不同学科交叉来分析和解释融资结构之谜。控制权理论认为融资结构同样也决定了企业剩余控制权的分配；以产业组织理论为基础的融资结构力量则认为企业的融资结构决策是基于产品市场竞争环境、公司战略以及资本市场环境等因素的综合选择；市场时机理论则从公司外部的市场效率角度出发解释了一些现实融资现象。融资结构理论对企业融资决策和融资结构选择具有现实的指导意义，但在应用以上理论时，我们必须注意到，各种理论分支的发展都有自己既定的假设前提和内在逻辑，因而其结论都具有很强的局限性。同时也必须意识到，融资结构的复杂性以及各国政治、经济、文化及其所影响的企业经营理念是不同的。这就要求我们在考察我国上市公司融资结构决定及融资行为时应该对理论的适用性以及检验数据的可靠性给予更多的关注。我国资本市场建立时间比较短，市场化程度也不高，因此相对于西方发达国家的融资现状，我国上市公司的融资政策更易受到宏观经济因素、市场条件、监管约束、治理机制等内外部因素的共同影响，不仅影响因素更为复杂，而且影响程度也更为深刻。

二、创新点

企业融资结构理论是现代企业财务三大核心理论之一，也是最充满活力、最富创新的财务理论。通过本章对企业融资结构理论发展历程的探讨，我们可以发现：

其一，新企业融资结构理论大致以微观经济学为理论基础。随着其他经济理论的提出和发展，以及现实经济环境的变化，经济学家们广泛运用当代微观经济学中的分析方法和分析技术，比如代理理论、信息不对称理论、均衡理论、产权理论、激励理论、组织理论、行为金融等，大大拓展了对融资结构的研究视野。例如，税差学派放松了对税收的假设，权衡理论放松了除充分信息之外的全部假设；新融资结构理论的四大流派研究以及新的发展则均是在不完全信息的假设下进行的；行为金融学的引入则对理性人的假设提出了质疑。

其二，现代企业融资结构理论充分把实证研究方法与规范性研究方法相结合。实证经济学（Empirical Economics）对现代企业融资结构的发展功不可没，这一方法的运用使企业融资结构理论研究成果能够逐步放松 MM 定理的假设条件，越来越贴近现实。同时，新融资结构理论与企业理论相结合，在融资结构如何影响公司治理结构方面开辟了新的研究路径。可以说，现代企业融资结构理论的形成与发展在很大程度上取决于研究方法的转变与创新。

其三，现代融资结构理论经历了从融资结构与企业价值无关到有关的转变。从一开始不考虑企业所得税的 MM 定理，认为企业融资结构对企业价值没有影响，进而逐步放松假设条件，将企业所得税、个人所得税、破产成本、代理成本、信息不对称等因素纳入融资结构研究中，认为企业融资结构对企业价值有着较大的影响。这一转变体现了现代融资结构理论的日益完善和成熟，越来越贴近生活。

其四，现代融资结构理论开始全面深入地探索企业经营者的目标及行为和投资者的目标与行为之间的矛盾性对企业融资结构决策的影响。例如，委托代理理论描述了管理者和股东、债权所有者和股权所有者之间的代理关系分别带来股权代理成本和债权代理成本，企业最优融资结构使两种代理成本最小，从而使企业价值最大化。如同委托代理理论，其对债务缓和模型、声誉模型也做了相关的研究。信号传递理论则基于这种矛盾，从债务比例、经营者持股比例、企业融资行为等方面表明经营者的行为会传递信号给外部投资者，帮助其做出投资决策。控制权理论则强调控制权可以在债权人和股权人之间转移，带来企业价值的差异。

三、不足

虽然现代融资结构理论在上述四个方面有了较大的进步和改善，但仍然存在着不足，主要体现在：假设条件仍较为苛刻，跟现实经济生活仍有出入。虽然学者们不断放松其假设条件，现代融资结构理论还是建立在很严格的假设之下的，许多理论还存在着争议。比如，虽然行为金融的相关理论在现代企业融资结构理论中已经得到了运用，但才刚刚起步，逻辑体系较为分散，还有很长的路要走。现代融资结构理论的研究多是从影响融资结构决策的一个方面出发，没有考虑多种因素的综合效果，从而导致其逻辑体系不清晰。同时，由于学者们只专注自身重视的因素，把其他因素看作无关紧要或是外生的，会得出不同甚至是相反的结果；另外，国内学者在融资结构方面的研究起步较晚，研究上也较少采取动态研究，没有考虑企业融资环境的变动等宏观经济因素的影响。而现有的融资结构理论大多是在西方发达国家的经济背景下建立的，虽然对解释我国公司融资行为和指导我国金融实践有着一定的借鉴意义，但必须从我国国情出发，形成适应我国金融环境的融资结构理论。相信随着资本市场的进一步完善和融资方式的多样化，随着法律环境和政策环境的进一步改善，融资结构理论在我国金融实践中一定会发挥着越来越重要的作用。

第三章 融资结构与价值创造关系综述

第一节 价值创造概述

一、价值创造

（一）含义

价值创造（Value Creation）是企业存在的正当性，这是毋庸置疑的共识，但为谁创造价值、创造什么价值、如何创造价值，却见仁见智、颇具争议。为谁创造价值涉及股东利益与其他攸关者利益的取舍，创造什么价值涉及经济价值与环境价值、社会价值的权衡，如何创造价值涉及商业模式的抉择和价值动因的分析。

关于企业价值的界定，现有研究尚未达成共识。企业价值的界定主要体现在两个方面：一是经济活动，二是参与主体。一部分学者从经济活动出发，将企业价值视为当期与未来期间盈利情况的整合，经营现状和发展前景是企业价值的两大重要表现（贾兴平等，2016）。还有一部分学者从参与主体出发，从所有者、员工、顾客、社会四个方面评估企业价值（黄体鸿、张阿艳，2008）。也有学者认为，企业的经济行为和社会行为相辅相成，经济性会受到社会性的重要影响，社会性会促进企业经济性的实现。所以，也有学者认为企业价值是其经济价值和社会价值的复合体（匡海波、牛文元，2012）。管理学普遍认同价值创造是企业系列活动的集合，通过这些活动，企业市场中的客户带来他们需要的产品（或服务）（Porter，1996）。Rumelt 等（1994）把价值创造归结为两方面：一方面是开发不易转化的繁杂资源；另一方面是重新配置资源。王化成（2012）认为影响企业价值的三个关键因素是增长、回报和风险；企业成长路径主要有三种：产品创新、商业模式和兼并收购；企业价值创造的路径为业务创造价值、资本增值创造价值、数据协同创造价值。价值创造机理回答的问题是企业如何取得战略优势。Porter（1996）认为企业的战略活动是企业探索合适的战略定位以适应行业环境的行动集合，价值创造在战略活动中处于中心地位。Normann 和 Ramírez（1993）将企业战略描述为企业各个部门一起参与的创造价值的系统。Collis 和 Montgomery（1995）把价值创造理解为战略的实现，价值创造机理因战略不同而不同。价值创造机理和企业实施的战略联系紧密，学者们总结了不同战略下的价值创造机理。

波特竞争战略从行业结构视角分析，认为企业价值创造源于议价能力和行业联盟，并受进入壁垒、政府法规等机制的保护；资源基础观点从企业内部资源视角分析，认为企业价值创造源于资源的稀缺性、不可模仿性、不可替代性，并受因果模糊性、历史路径依赖、模仿障碍等机制的保护；合作战略从企业网络关系的视角分析，认为价值创造源于关系的投资、知识的分享、高效的治理和互补的资源，受到资产联系、关系稀缺性、社会复杂性等机制的保护，为合作方共享。

价值创造是一个被人广泛使用的概念。价值创造可以从两方面理解：一是价值量的提高。经过改良生产工艺与生产技术、优化配置资源、增强资源利用水平等渠道，企业效率提升，成本下降，最终价值实现增值。二是新元素的出现。价值创造不仅包括价值量增加，而且包含优化并改善各个价值创造的环节，使产品质量与服务质量提升，最终实现价值增值。

企业价值又称公司价值，是指企业给企业所有者带来的现在和未来的效益总量，或是企业在其未来经营期限内为投资者所创造的现金流量的现值之和。简言之，公司价值就是企业未来现金流的贴现值。公司价值最初由莫迪利安尼和米勒提出，尽管他们没有明确说明，但后来的一系列研究可以看出，MM定理中的公司价值指的是公司市场价值。公司市场价值由公司股票的市场价值和公司债券的市场价值两部分组成。在市场完全有效的情况下，公司股票价格和债券价格能够正确反映所有相关信息，这时公司市场价值等于公司价值。但由于现实中市场的非完全有效性，公司市场价值与公司价值之间存在偏差，实际操作中的公司价值常常用代理变量来表示，常用的有财务绩效指标、市场价值指标和经济附加值指标，然而诸多代理指标也由于各自的缺陷受到众多学者的质疑，本书则提出了一定的处理方法。

贝茨和霍尔顿（Bates and Hoton，1995）指出绩效是一种多维建构，测量的因素不同，其结果也会不同。价值创造是价值创造和效率的统称，包括活动过程的效率和活动结果两层含义。目前，人们普遍对价值创造的理解是：价值创造指的是公司一定投入条件下产出的量，或单位投入的净产出。我国学者杨国彬和李春芳（2001）认为企业的绩效评价指的是对企业一定经营期间的资产运营、财务效益、资本保值/增值等经营状况进行真实、客观、公正的综合评判。价值创造包括三层含义：第一，效果，即与竞争者在产品和服务方面的对比结果；第二，效率，即投入与产出的比例关系；第三，适应性，即面对环境的威胁与机会选择时的应变能力。但是在实际操作中，一般都是用指标体系来衡量价值创造的，主要有两类指标体系，分别为单一指标体系和综合指标体系。

公司的价值创造是公司经营状况的直接体现，是关系到企业生存发展的重要内容，同时也是衡量经营管理效果的重要指标，是经营者进行投资决策的依据。研究融资结构同价值创造的关系，首先要对企业价值创造的概念和衡量指标进行界定。

综合以上观点，笔者认为价值创造是指公司经营所取得的价值创造和效率，公司在一定期间取得的经营效益，反映公司治理的效果。

（二）价值创造理论

在数字经济下，价值创造理论诠释了多主体的核心关键作用，企业方、用户及供应方价值共创。用户作为主体直接深度参与企业相关经营活动，用户的体验感显著增强，企业的生产成本有效降低，产品功能得到加强。在数字经济背景下，平台优势产生集群效应，企业、用户和供应方紧密联系、共生依存、共享合作，形成新的价值增长点，并且强化应对宏观外部环境的弹性与灵活性。因此，在数字经济下，平台企业聚焦多方虚拟主体，实现价值共创。

在数字经济下，价值创造主要在交换的主要单位、商品角色、用户角色、价值的决定和意义等方面有如下特征：第一，传统的交换主要是商品，在数字经济下交换的是专业知识或服务；第二，传统的商品角色是以商品为终端产品，在数字经济下商品具有中间产品的特点，用户以此实现价值创造；第三，传统的用户角色是买方，在数字经济下用户是操作资源，企业销售是与用户互动的过程；第四，传统价值是由生产者决定，通过货物交换实现，在数字经济下公司形成价值主张，价值融合在用户的应用中，用户参与企业的交流与生产。

（三）动态能力理论

组织在数字经济下进行动态调整与融合，对内、外部能力重建或配置，适应新形势、新环境。不确定性的外部环境促使组织快速实现转型，平台化基于数字化与智能化具有很强的动态性（Annarelli et al.，2021；吴非等，2021）。数字化平台核心能力的构建促进数字化背景下的组织转型升级。在数字化背景下，组织转型、优化产业链并提升企业价值创造能力，动态能力理论在其中发挥了重要的作用。

二、价值创造的评价指标体系

系统性原则要求独立指标之间存在一定的相关性，从不同角度展现行业特征。价值创造评价是指运用一系列具体指标和具体评价标准和程序，对公司在一定经营期限内的经营效益和治理效果进行综合评价。价值创造评估在一定程度上可以使公司不断总结自身经验，改进管理，提高公司效益。运用数理统计和运筹学的原理，采用具体的指标体系，按照统一的标准进行比较，按照一定的程序，通过定量和定性的比较分析，客观地对企业在一定经营期内的经营效益和经营者价值创造进行公正、准确的综合评价。

价值创造评价体系由评价主体、评价日期、评价指标、评价标准和评价方法组成。根据不同的评价主体和评价目的，评价指标、评价标准和评价方法也有所不同。

价值创造评估应遵循真实性、一致性、独立性和稳健性原则。目前，衡量价值创造的指标通常有两种：一种是单个指标的绩效衡量；另一种是多个指标的绩效衡量。合理评价价值创造并构建一套完整的评价体系至关重要，应选择合适的量化评价指标，有效地关联融资结构与价值创造之间的关系。系统性原则、可比性原则、可行性原则和重要性原则是在许多指标中需要被考虑的关键因素。

（一）评价指标体系的建立

1. 创新价值

创新价值反映了企业研发的投入产出状况。基于学者们对制造业融资实践的研究，融资创新主要包括研发。根据现有文献研究，研究阶段主要分为输入和输出两部分。融资创新的投入通常可以通过研发来表达，包括研究经费和人力资源的投入；产出计量标准通常包括权威部门批准和发布的专利申请数量、产品成本降低率以及当期无形资产的增加。创新价值主要通过四个指标来衡量：研发人员投入、研发支出、专利申请数量和无形资产当期增长。

2. 经济价值

经济价值反映了企业创新所带来的利润。在早期，制造企业创新的最终目的之一是降低成本，最大化企业的经济效益。这直接反映在财务报表中的数据中，包括营业收入的直观增长和随后的市场份额的扩大。选取净资产收益率、成本利润率、总资产收益率、资产负债率、总资产周转率、净资产增长率和所有者权益比率来代表企业的经济价值。

3. 社会价值

社会价值反映了创新后企业对社会的贡献，衡量了制造企业创新所带来的员工福利的改善及其对整个社会的贡献。选取新增就业人数、企业所得税、主营业务收入增长率和对外捐赠支出等指标。

（二）企业价值创造衡量指标

学者们为更好地衡量企业价值，在计算指标的选择上逐渐变得复杂起来，从最初的简单会计利润、权益报酬率到如今较为科学的经济增加值指标，这都代表着企业管理目标、思维形态的转变。经济增加值的理念是指企业进行资本投入时，会产生资本成本。这种资本成本分为权益资本成本和债务资本成本，只有当企业获取的收益超过总的资本成本时，企业才真正实现价值创造。而为了体现这一价值创造过程，经济增加值在计算时需用到利润、投入资本、加权平均资本成本等类型的衡量指标。

价值创造主要评价方法有单一指标绩效评价和多重指标绩效评价。单一指标评价选取的指标主要包括净资产收益率、托宾 Q 值、EVA 值、投资报酬率、获利率和净利率等；多重指标评价主要有平衡计分法和层次分析法。单一指标评价以企业财务报表为基础，利用反映企业营利能力的财务指标作为评价对象，这种方法以简便易行被广泛应用于价值创造评价研究中，但由于评价时所选取的衡量指标比较单一，无法对企业的整体情况进行综合评价。

1. 价值创造导向多元化评价

单一指标绩效评价的衡量方法比较简单，因此在学术界应用较为普遍。经常使用的单一指标主要有净资产收益率、总资产收益率、每股收益、托宾 Q 值、利润率等。净资产收益率、总资产收益率、每股收益、利润率等这些为会计利润指标，主要是从静态的角度分析公司的资产价值创造。

本斯坦（Benston，1985）提出了利用托宾 Q 值评价企业的价值创造，他认为由于计算会计报酬率的数据多为历史及过去的财务报表，这种资料无法反映现在和未来的公司现值，所以使用会计报酬率作为衡量公司价值创造的指标会有所偏差。因此，他提出了托宾 Q 值即公司的市场价值与公司资产的重置成本，用于反映公司的市场价值与给公司带来现金流量的资产成本之间的关系。如果该值小于 1，说明公司的资源未能得到充分利用；如果该值大于 1，说明公司的资产得到有效利用，并为社会创造了价值。托宾 Q 值考虑了公司的无形资产，具有一定的科学性，因此在国外此类研究中用到的比较多。但是，用托宾 Q 值衡量价值创造也存在着一定的难度，即如何对公司资产的重置成本进行核算，尤其是在我国上市公司制度尚未健全的环境下，利用托宾 Q 值对价值创造进行评估难度较大。除了常用的会计利润指标和托宾 Q 值法，美国企业在价值创造的衡量中还使用了经济增加值（EVA）的方法。经济增加值是企业税后营业收益与资本成本之间的差额。如果该差额为负，说明企业发生了价值损失；如果差额为正，说明企业创造了价值；如果差额为零，说明企业所创造的价值恰好能够满足投资者或者债权人预期的收益。

在企业应当为谁创造价值的问题上，股东至上主义（Shareholder Supremacy）与利益攸关者主义（Stakeholder Doctrine）的看法迥然不同，前者认为企业应为股东创造价值，全力维护股东利益；后者则主张企业应为利益攸关者创造共享价值（Shared Value），合理均衡各方利益（Kaplan et al.，2019）。

多重指标绩效评价综合了企业的各个方面的情况，利用多重信息综合评价企业的经营状况，克服了单一指标不能全面反映企业信息的缺点。平衡计分卡由卡普兰（Kapla）和诺顿（Norton）提出，通过综合分析企业组织学习与价值创造、内部经营过程、客户满意度以及财务结果这四个指标之间的相互影响关系进而对企业经营战略作出评价。层次分析法是由萨蒂（Saaty）提出的一种多规则、多目标的决策处理流程理论，是对企业进行全方位、多角度的评价分析。

多重指标是指利用多个指标对价值创造进行衡量，它是针对单一经营指标的缺点而提出的，是用多重指标多元、多层次地评价价值创造，因此更具有客观性和真实性，更能反映企业的真实情况。目前，多重指标的衡量方法主要有层次分析法和平衡计分卡。层次分析法属于决策处理流程理论，它的主要内容是将决策有关的元素分解成目标、方案、准则等不同的层次，并在该基础上对决策问题进行定量或者定性分析，能够解决需要进行定量分析和定性分析的复杂的决策问题，是一个强大的决策工具。在层次分析过程中，用决策者的经验判断各衡量标准之间的相对重要程度，并合理地给出每个决策方案的每个标准的权重，利用权重求出各方案的优劣次序，可以比较有效地应用于那些难以用定量方法解决的课题。综合平衡计分卡是一种战略管理价值创造的评价工具。平衡计分卡的框架体系包括四部分：组织学习与价值创造、内部经营过程、客户满意度、财务结果。核心思想是通过四个指标之间相互驱动的因果关系展现组织战略轨迹，实现绩效考核、绩效改进以及战略实施、战略修订的战略目标过程。平衡计分卡包含财务指标和非财务指标，强调对非财务指标的管理，在企业战略与目标之间形成了一个双向的绩效改进循环，能够将部门绩效与企业、组织整体绩效很好地联系起来，使各部门工作努力的方向同企业战略目标的实现联系起来。

多重指标的绩效衡量避免了单一指标存在的问题，有其优点，但是同时也有其自身的缺点：第一，指标的计算和量化难度较大。多重指标由于具有不同的信度和效度，因此在进行量化时困难较大。第二，指标的选取。进行价值创造的衡量，如何选择合适的指标，并保证指标之间不存在相斥性，这需要一个原则来进行取舍。第三，各个指标之间的权重难以确定。由于选取多个指标，每个指标的相对比重难以确定；不同的评价者立场不同，所选择的指标和各个指标的权重也不同，没有一个统一的标准和原则。

价值创造评价一般运用以下三种方法：第一，经济增加值（EVA）评价法。这是一种新型的价值创造评价衡量的方法，它以货币形式衡量资本成本与公司投资回报之间的差异，并从实际经营状况出发来衡量公司价值创造。其公式为：经济增加值=税后经营利润−投资成本×加权平均资本成本，由于经济增加值着重强调资本成本，扣除了全部资本的费用，它更能反映公司为股东创造的价值。但是这种方法操作过程中需要加入很多调整事项，可操作性不强。第二，市场指标评价法。这种评价方法主要是通过托宾Q值来反映公司的绩效。托宾Q值等于公司的市场价值与该公司的资产重置成本的比值。其中，公司的市场价值为公司股票的市值和债务资本的市场价值，重置成本是指企业重新获取该公司资产所需付出的现金或现金等价物。托宾Q值有效的前提是证券市场完全有效，公司股票价值能正确反映公司价值。而我国的证券市场还不太完善，股票价格很难准确地反映公司价值，所以在我国使用托宾Q值反映价值创造存在一定的争议。第三，财务指标评价法。这是指以财务报表为信息来源，运用各种财务指标对价值创造进行衡量和评价。这些指标包括净利润及在各种利润基础上计算的资产报酬率（ROA）、净资产收益率（ROE）、每股收益（EPS）、主营业务资产报酬率等指标。财务评价指标从公司营利能力、运营能力、成长能力等方面反映了价值创造。

相比于前两种方法，财务指标评价法的数据更容易取得，所以这种评价方法在学术界运用得比较广泛。杜莹和刘国立（2002）用净资产收益率（ROE）反映负债的治理效应、税盾效应和财务杠杆效应，并得出资产负债率与净资产收益率显著负相关的结论。王辉（2003）用净资产收益率代表公司价值，实证得到公司融资程度与市场价值存在显著的正相关关系。

根据我国的实际情况，西方的融资结构理论在我国的适用性到底如何，从融资结构角度来探讨企业融资结构的优化对如何提高国有企业的效率就尤为重要。近年来，我国学者对于上市公司融资结构与价值创造的关系做了较为广泛的研究，结论基本上有两种：一是两者呈正相关关系，通过实证研究得出，随着负债率的上升上市公司的价值创造也呈现上升趋势；二是两者呈负相关关系，有关研究发现，我国企业负债率普遍偏高并与价值创造负相关。

《价值创造评价操作细则》中界定了以价值创造评价体系中的 8 项基本指标和 12 项修正指标作为研究对象，分别反映了企业财务效益状况、资产运营状况、偿债能力以及发展能力。基本指标是综合反映企业经营活动绩效的指标，是价值创造评价体系中最基础也是最重要的指标。基本指标由 8 项指标组成：净资产收益率、总资产报酬率、总资产周转率、流动资产周转率、资产负债率、已获利息倍数、销售增长率、资本积累率。修正指标是对基本指标进行补充说明和进行修正的辅助性指标，是对基本指标无法反映的影响因素进行必要补充，并对基本指标评价结果进行修正。

2. 价值创造范畴外延拓展评价

价值创造的"视野"更开阔，倡导共享价值创造的理念，主张企业不仅要关注经济价值创造，还要关注经济价值创造过程中对社会和环境的正负影响（王化成，2000；干胜道，2016）。黄世忠（2021）提出了将微观利润表拓展为宏观利润表的观点，即：收入-成本＝工资福利+利息费用+税收费用+税后利润。净经济贡献是指企业直接或间接为社会创造的价值总额及其分配，即：营业收入-营业成本+工资福利+利息+股利+税收-政府补贴＝净经济贡献（世界经济论坛，2020）。

第二节　融资结构与价值创造关系的文献综述

对于融资结构与价值创造相互关系，国内外学者从不同方面、不同角度进行了大量的理论与实证研究，所得出的研究结论也不尽相同。在众多研究中，以融资结构影响价值创造和价值创造决定融资结构这两方面为主，但由于研究时期、研究对象、研究方法以及研究条件等方面的不同，所产生的研究结论也各不相同，甚至出现了研究结果相悖的情况。总结国内外学者的研究成果，所得到的融资结构与价值创造之间的关系有正向相关、负向相关和不相关三种情况，因此在融资结构与价值创造研究领域还没有哪一种理论得到普遍的认同，但近年来的大量研究的确表明融资结构与价值创造之间确实存在相关关系，相互影响、相互作用。

关于融资结构与绩效关系的研究由来已久，关于它们的研究文献也非常多。管理者股权与公司价值之间关系的实证研究都是以利益趋同效应和管理者防御效应作为两种竞争力量，并在管理者股权的不同水平上发挥作用为理论基础的，都试图通过实证研究寻求两种效应发挥作用的转折点。这类研究大致可以分为两类：一是将管理者股权水平分为低、中、高三个区域（即两个转折点）来研究管理者股权与公司价值之间的关系；二是将管理者股权水平分为低、高两个区域（即一个转折点）来研究两者之间的关系。

第一类研究始于魔克等（Morck et al.，1988），他们用董事会股权水平来衡量管理者股权水平，发现董事会股权比例在低和高时（即小于5%或大于25%

时），增加管理者股权可以将管理者的利益与股东的利益更加紧密地联系起来，利益趋同效应占主导地位，公司价值将提高。

第二类研究将管理者股权水平分成两个区域，试图找出两种效应发生作用的中间转折点，即公司价值达到最大的点。这类研究始于斯图尔兹（Stulz，1988），他通过模型说明公司价值与内部人控制的投票权之间存在非线性关系，管理者股权在低于50%的某一水平上公司价值达到最大。公司价值与管理者股权之间的关系为倒"U"型曲线，支持了斯图尔兹的观点。当学者们将管理者股权分成两个区域来研究与公司价值之间的关系时，都得出了随内部人持股比例增加公司价值先提高后降低的结论，即管理者持股水平较低时，管理者激励效应起主导作用，当管理者持股水平达到一定比例时，防御效应起主导作用。

（一）国外文献

国外学者对企业的数据进行了实证研究，其观点可以总结为以下几点：第一，企业负债水平与企业价值呈负相关关系，有形资产比率与资产负债率呈负相关关系，企业获利能力与资产负债率也呈负相关关系。第二，企业融资结构与公司价值呈正相关关系。财务杠杆增加的时候，在宣布融资结构变化的当天，股票价格呈大幅度上升趋势；相反地，财务杠杆减少的时候，在宣布融资结构变化的当天，股票价格呈大幅度下降趋势。第三，股票价格与财务杠杆呈正相关关系。具体研究者的结论如下：

布斯等（Booth et al.，2001）选取具有代表性的十个发展中国家作为研究对象，通过对其财务数据的实证研究得出，有九个发展中国家的融资结构与公司绩效呈显著的负相关关系。同时他还发现，发展中国家和发达国家的影响公司资产负债率的因素是相似的，其作用的方式也相似。

哈里斯和拉维夫（Harris and Raviv，1991）通过对美国公司的财务数据进行实证研究得出，财务杠杆与公司价值创造和公司规模呈正相关关系，而财务杠杆与公司获利能力呈负相关关系。自MM定理问世以来，有关融资结构的理论研究积淀深厚。MM定理以高度概括的手法提出了在完美资本市场假说条件下价值创造与融资结构无关。随后，理论研究者打破完美资本市场假说这一假设前提，考虑企业所得税、破产成本、信息非对称等因素，先后提出权衡理论、代理理论、优序融资理论、信号理论。融资结构理论从不同的角度证实了最优融资结构的存在。大量的实证研究也支持了此理论观点，迪安吉罗和马苏利斯（DeAngelo and Masulis，1980）对权衡理论的实证检验表明：①普通股股票价格的变动与企业财务杠杆的变动呈正相关关系；②价值创造与其负债水平呈正相关关系；③能够对价值创造产生影响的负债水平变动范围介于 0.23~0.45。迪安吉罗和马苏利斯通过对 1962~1983 年 33 件敌意收购中管理者抵制案例的分析，证实了代理理论的一个分支——治理结构学派的理论观点，即包括融资结构和所有权结构在内的财务政策要受到企业控制权市场的影响。蒂特曼和韦塞尔斯（Titman and Wessels，1988）的实证研究证实了融资顺序的存在；信号理论的支持者们则用可转换债券的赎回以及新股发行的低位定价证实了信号理论的成立（Michaelas et al.，1999）。

（二）国内文献

国内关于融资结构与公司绩效关系的研究起步较晚，而且主要是利用已有的数据资料进行实证研究，到目前为止，关于这方面的实证研究文献非常多。国内对融资结构的研究主要集中在融资结构的统计描述及其决定因素的分析上，针对价值创造最大化，寻求最佳融资结构的研究尚不多见。

融资结构影响公司治理的结果最终体现在公司绩效的变化上。第一，资产主营业务净利润率、经营费用率和资产利用率三个指标比股票价值能更好地解释融资结构对公司绩效的影响；第二，国家股比例对公司绩效的负向影响越来越不显著；第三，法人股比例和负债融资比例对公司绩效有不显著的正向影响。这些结论表明，完善融资结构是完善我国上市公司治理结构从而提高公司绩效的重要途径之一。

资产负债率与全部样本公司绩效负相关，对国有控股上市公司绩效的影响效果要好于民营上市公司：银行借款比例和商业信用比例对全部样本公司绩效的影响以及对国有控股上市公司绩效和民营上市公司的绩效影响都呈负相关关系，且有差异性；流动负债比例和长期借款比例对全部样本公司绩效的影响以及对国有控股上市公司绩效和民营上市公司绩效的影响都呈负相关关系，但无差异性。公司收益与融资结构、企业规模呈负相关关系，与企业价值呈正相关关系。企业资本结构调整与宏观经济因素相关（孙人极、顾妍，2018）。

公司融资结构与市场价值呈负相关关系。在经济繁荣时期，公司获得的未分配利润会使公司的股东权益增加，而此时公司的负债权益比率往往会降低；经济的繁荣能促使股票市场的繁荣，股票价格将会有明显的上扬趋势，从而增加企业的市场价值，可见公司融资结构与市场价值呈负相关关系。企业成长性对资本结构调整速度的影响也存在差异，高成长性企业的成长性对资本结构调整速度的影响，随着融资约束水平的下降，由负向影响转变为正向影响，并逐渐提高（林杰辉，2019）。

不同行业有着不同的融资结构，企业的获利能力与融资结构呈负相关关系；获利能力、规模等与企业长期负债比率的关系是不显著的。筹资结构是指公司中债务资本与权益资本的构成及其比例关系，即公司的融资结构问题。随着公司负债比率的增长，公司的营利能力也呈增长趋势。上市公司的融资结构与经营效率之间存在某些相关性，研究者认为公司的资产负债率应该控制在40%～50%，这可能是上市公司最好的融资结构目标，公司选择过高或者过低的资产负债比率都可能不利于企业经营效率的提高。货币政策对上市公司融资约束具有差异性影响（王建斌，2019）。企业资本以及相应的资本结构存在无形化的趋势；多元资本结构在不同行业间存在显著的差异；多元资本结构与企业绩效呈显著的正相关关系（李星等，2015）。

融资结构与公司绩效的模型运用三阶最小二乘法对模型进行相关估计，其实证研究结果表明：融资结构与公司绩效之间的关系是互动的，但上市公司融资结构与公司绩效呈显著的负相关关系。融资结构与公司绩效呈负相关关系，有的年份融资结构与公司绩效还存在着二次线性相关性。资产负债率、短期负债率、无息负债率、有息负债率与公司综合绩效呈正相关关系，而长期负债率与公司综合绩效呈负相关关系。

综观国内外文献，尽管对融资结构与公司绩效关系的研究有很多，但对于融资结构与公司绩效的关系主要有两种：一种认为融资结构与公司绩效呈正相关关系，另一种认为融资结构与公司绩效呈负相关关系。可见，到目前为止，学者们对融资结构与公司绩效的关系都没有一个定论，这是由于不同学者所处地域的经济发展水平、证券市场发展水平、采用的研究方法、选取的研究数据以及所设的假设条件等因素不同而致使研究结论完全相反，还是由其他的原因造成的，这是一个值得思考的问题。同时，我们应该看到，国外对于融资结构与公司绩效的研究是在形成理论的基础上，用实证研究验证理论、修正理论、发展理论。而我国在融资结构与公司绩效方面的研究并没有形成自己的理论，只是运用国外已有的理论和研究方法，单纯地用国内上市公司相关数据进行实证研究，严重缺乏理论创新，这是一个值得深思的问题。同时国内的研究主要是针对主板市场上市公司，对于中小板上市公司融资结构与公司绩效的研究很少涉及。

（三）我国上市公司融资结构与价值创造的内在关系

合理的融资结构是企业有效经营的保证，企业将自有资产和负债、流动资产和固定资产控制在合适的比率，发挥不同资本最大效能，从而使企业有效经营、企业价值最大化；同时价值创造提高的过程又是企业融资结构不断合理化的过程，价值创造反作用于融资结构，两者相互促进、相互影响。

第三节　融资结构与企业价值创造的相互作用

一、融资结构与价值创造相互作用分析

（一）融资结构对企业价值创造的作用分析

通过前文对融资结构及企业价值创造含义的理解，笔者认为融资结构主要是内源融资和外源融资、权益融资和债务融资。本书在融资结构量化结果中表现为负债与总资本的比例关系，即资产负债率（负债/总资产）或者负债/（负债+权益），因此，这里笔者提出假设，融资结构中的负债与权益的比例关系能够对企

业的经营价值创造造成一定的影响。所以，在此分别阐述负债与权益对公司价值创造的影响。

1. 负债融资结构与企业价值创造

自从融资结构理论提出以来，MM 定理得到了很大的发展。权衡理论、优序融资理论都是在此基础上发展而来的。首先，在 MM 定理的假设条件下，融资结构对公司价值创造是没有影响的。MM 定理认为，加权平均资本成本会随着负债权益比例的提高而降低，较高的财务杠杆可以提高公司价值创造。其次，权衡理论认为，由于企业负债率的上升所带来的风险和相关费用的增加，企业不可能无限制地追求减税收益。随着企业债务的增加，公司陷入财务困境甚至破产的可能性也会随之增加，相应的破产成本、财务困境成本以及有关负债代理成本都会随之增加，从而降低了企业价值，融资结构对公司价值创造会产生非线性影响，即倒"U"型的影响关系。最后，在信息不对称的基础上提出融资次序理论，根据该理论，当公司拥有良好的经营价值创造时，公司更有可能从内部进行融资以满足其资金的需求，因此，价值创造优良的公司拥有较低的资产负债率。所以该理论则提出了完全相反的结论，即财务杠杆比率与公司价值创造之间存在负相关关系。

2. 所有者权益融资结构与企业价值创造

所有者权益也称为所有权结构，是指资产扣除负债之后，公司所有者享有的剩余权益。股权结构在公司治理中占有控制性的地位，涉及公司内部控制权的分配。西方学者曾经做过研究并提出，股权分散可能会导致对企业的监督不力，因此股权结构与公司价值创造呈正相关关系。但是，这些研究是建立在西方发达资本市场基础上的，因此在实际运用时，需要结合我国的实际情况进行研究。我国的证券市场并不十分发达，而且一个重要的特征就是股权分散，同时存在着国家股、法人股和流通股三大类不同类型的股权，还没有形成有效的控制权市场，难以发挥市场的监督管理作用。因此，只有法人股股东可能对公司的决策控制起一定作用。

股权集中度和公司价值创造之间呈现倒"U"型关系，这说明大股东的存在在一定程度上有利于公司的经营激励，大股东具有较强的激励来监督经营者的行为，且大股东也有这种能力来保证其自身利益不受经营者损害。但是随着大股东持股比例的增大，大股东的利益与外部小股东的利益常常不一致，两者之间存在着严重的利益冲突，这样会使中小股东利益受损，权益代理成本增加。而对于公司融资策略中的可持续增长模型和融资策略选择相关研究等，我国学者并没有达成一致意见（肖作平，2005；邹瑞山，2020；谢晋雯、吴珂，2020）。

（二）公司价值创造对融资结构的作用分析

下面我们考虑公司价值创造对融资结构的反作用，笔者认为由于市场是不完善的，税收、破产成本以及信息不对称等各种因素的存在使公司价值创造对融资结构产生反作用。主要包括两个观点：①效率风险。该观点认为：高效的经营管理可以减少预期的破产和清算成本，因此营利能力强的公司将倾向于较高的资产负债率。在现有既定的融资结构下，利润效率（Profit Efficiency）可以创造更多的预期收益。因此，高效的经营管理可以在一定程度上替代保持较低的资产负债比来抵御未来的风险。其成立是建立在以下两个条件上的：一是利润效率和未来的预期收益之间存在强烈的正相关关系；二是从高效的经营管理中获得的超额收益可以在一定程度上替代保持较低的资产负债率来控制风险。②特许权价值。此观点从收入效应的角度进行考察并认为，如果公司能够预期保持高效率的运转，那么高效的利润效率会产生大量的经济租。而现有的股东为了保持他们的经济租不会因为破产或者清算而丧失，就必须维持更多的股份来维护他们的利益。因此，按照该假说，股东为了保护从利润效率产生的特许权价值不会因为清算或者破产的原因而丧失，因此高价值创造的企业将选择较高的权益资本比率。

MM定理中的这些富有新古典主义色彩的假设为后来的融资结构理论的发展奠定了基础，因为这些看似完备的假设其实与现实世界相去甚远，所以后来的理论发展一般都是扩展MM定理的一部分前提假设来进一步研究。企业的融资结构问题由于不对称信息和资本市场的不完善性的存在，被迫卷入了新制度经济学的现实环境。詹森和麦克林（Jensen and Meckling，1976）假定了外部股票投资者可以无偏差地对代理成本进行估计，并且不存在信息的不对称性。然而实际上，企业的经理人员比投资者掌握更多的企业内部信息。梅耶斯和梅吉拉夫（Myers and Majluf, 1984）在罗斯（Ross, 1977）分析的基础上进一步考察了信息不对称对融资结构的影响，在啄食顺序理论中，由于非对称信息总是鼓励企业经营者少用股票融资，企业总是尽量用企业内部积累资金来投资，其次是发行债券，直到因债券增发引起企业陷入财务亏空，概率达到危险区，才最后发行股票。由于内部人和外部人关于企业的真实价值或投资机会的信息不对称，导致了企业市场价值的扭曲，降低了投资效率，不同的融资结构会传递有关企业真实价值的不同信号，管理者应选择合适的融资结构，以增强正面的信号传递、避免负面的信号传递。

蒂特曼和韦塞尔斯（Titman and Wessels, 1988）得出有形资产比率与债务水平正相关，获利能力、广告费用以及研发费用都与债务水平呈负相关关系，因此他们没有得出公司规模一致的结论。威廉姆森（Williamson, 1988）的研究表明，借贷水平与杠杆负相关。哈里斯和拉维夫（Harris and Raviv, 1991）对来自美国公司的许多实证研究进行了总结，认为杠杆随着固定资产比率、非债务税盾、价值创造和公司规模的增加而增加；随着波动性、广告费用、破产可能性、获利能力和产品独特性的增加而减少。

肖作平（2005）采用一个资本存量模型进行研究，结果表明：第一，资产有形性、公司规模、财务困境成本与负债比率正相关；第二，非债务税盾与负债比率负相关；第三，产生内部资源能力与负债比率负相关；第四，投资额、价值创造与负债比率的关系不显著。此外，普通最小二乘法的关键假定之一是解释变量是非随机的，独立于随机误差项，即假定解释变量是外生的，所以内生性问题在分析融资结构和绩效相互影响的关系中具有重要作用。

依据代理理论的观点，由于公司由股东控制，使其具有侵占公司债权人利益的次优投资倾向。对于成长中的公司而言，其未来投资选择更富弹性，其债务代理成本很可能更高，因而预期价值创造应该与负债水平负相关（Jensen and Meckling, 1976；Stulz, 1990）。如果公司发行短期债务而非长期债务，则可能减少上述代理成本（Myers, 1977）。这意味着如果公司确实以短期负债替代长期负债，那么，短期负债率应与企业价值创造正相关。此外，新兴产业中的企业一般具有较高的价值创造，同时也具有较大的经营风险和较高的破产概率（冯根福等，2000；韩云，2017），因而有可能使价值创造与负债率呈负相关关系。

企业成长表现为营业收入的增加、资产规模（既可能是有形资产，也可能是无形资产）的扩张。无疑，这些都需要资金支持，高成长则需要更多的资金支持。而处于高成长阶段的企业一般投资增速高于利润增速，因而，仅仅依赖保留盈余难以满足其成长的需要；折旧虽然具有一定的融资效应，但受折旧制度及其融资界限的制约，使其不可能长期维持企业的高成长；高成长还预示着企业有着良好的未来前景，因而企业往往不愿过多发行新股，以免损害原有股东利益。这样，维持高成长所需的资金支持自然而然地落到了负债融资上。

企业成长性对资本结构调整速度的影响也存在差异，高成长性企业的成长性对资本结构调整速度的影响随着融资约束水平的下降由负向影响转变为正向影响，并逐渐提高（刘砾丹等，2021）。

在新的市场条件下，深入研究我国上市公司融资结构与价值创造的内在联系、寻求最佳融资结构的合理区间显得尤为重要。

从理论上讲，作为衡量价值创造的重要指标，价值创造与负债率之间的关系视负债率变化的原因而定。一是在所有者权益既定的情况下，负债率的提高表明企业通过负债融资扩大了企业经营规模，其价值创造与负债率之间的关系表现为正相关关系。二是在企业负债规模既定的情况下，负债率的提高意味着企业资产规模的萎缩，其价值创造与负债率之间呈负相关关系。三是在企业资产规模既定的情况下，融资结构的优化能够有效地促进公司成长。此时，企业价值创造与负债率之间的关系又表现为两种情况：一种是企业负债不足时，负债率与企业价值创造之间呈正相关关系；另一种是企业过度负债时，负债率与企业价值创造之间呈负相关关系。在所有者权益与负债规模同时变化的企业资产规模扩大过程中，企业价值创造与负债率之间的关系表现得更为复杂。如果所有者权益与企业负债同比例增加，企业融资结构表现为负债率水平不变，而价值创造则表现为高速价值创造，此时价值创造与负债率之间不存在任何统计意义上的关系；如果所有者权益的增长速度超过负债规模的增长速度，价值创造与负债率之间的关系则很可能表现为负相关关系；如果负债规模的增长速度大于所有者权益的增长速度，价值创造与负债率之间的关系则很可能表现为正相关关系，且其相关程度因负债规模增长速度大于所有者权益增长速度的程度而定。有关价值创造与负债水平关系的文献一般从价值创造对融资结构影响的视角切入，很少探讨负债水平对企业价值创造的影响，并且相关观点也莫衷一是。

根据 MM 定理，如果不存在税收和其他市场缺陷，公司价值取决于其基本的获利能力和风险。换言之，公司的价值与其融资结构无关。而当其他假设相同、另有企业税时，融资结构将对企业价值和资本成本产生影响，当负债率达到100%时，企业的资本成本最低，同时企业价值最大。此时，企业的价值为：杠杆企业的价值＝无财务杠杆企业的价值＋债务避税现值。但是，当把财务危机成本和代理成本引入负债企业的融资结构研究中时，MM 定理就会站不住脚。财务危机成本是指与企业财务危机和破产有关的直接和间接成本之和。它和负债率并不是一种线性关系。当负债率较低时，财务危机成本并不明显；而达到一定的负债率之后，财务危机成本就会递增。对企业价值和融资结构产生影响的因素还有代理成本。我们可以把企业管理部门视为企业股东和债权人的代理人。股东为保证管理部门为其最大利益服务，就要对管理部门进行正确的激励和监督，如签订雇用契约、报酬契约等。债权人为保证其利益不受侵害，往往会在债务契约里加入保护性条款，对管理部门和股东的行为进行监督。上述监督活动是有成本的，通常称之为代理成本。与财务危机成本一样，代理成本也会随财务杠杆的增加而递增。财务危机成本和代理成本对企业价值的负向影响限制了避税利益正向影响的作用程度，即：杠杆企业价值＝无杠杆时企业的价值＋避税利益现值－财务危机成本和代理成本现值。

当企业的负债率较低时，财务危机成本和代理成本还不明显。随着负债率的上升，成本将变得较大，并逐渐抵消了边际避税利益。当边际财务危机代理成本等于边际避税利益时，资本成本最低，同时企业价值最大，此时就是企业的最佳融资结构。

不过，理论界对是否存在最佳融资结构仍有争论。筹资顺序理论指出，企业在筹集资金时有顺序，首先使用内部留存收益，其次是向外部负债筹资，最后才是发行股票。这一理论实际是对企业如何建立其融资结构进行广泛调查的结果的总结，虽然没有理论支持，但从财务动机方面分析还是完全合理的。因为留存收益筹资无须支付任何成本，不与投资者签订用资协议，也不会受到资本市场的影响。而负债筹资的成本、限制条件和产生的负面影响介于内部筹资与发行股票之间，因此在筹资顺序中列于第二位。按照这一理论，负债率只反映了企业积累和发展中对外资金的需要，企业没有最佳融资结构。另外，还有学者把不对称信息理论引入融资结构研究中。他们假设企业管理部门拥有比投资者更多的有关企业风险和收益的信息，投资者只能通过管理部门传递的信息来评价企业的价值。

由于管理人员的利益可能取决于公司的市场价值，当公司价值被低估时，管理人员就会发出公司价值低估的信息。这时，负债率就是很好的信号工具，其上升是一个积极的信号，表明管理人员对企业的发展充满信心，企业价值也会随之升高。从这层意义上来说，企业的价值和融资结构是相关的。

除了权益资本和债务资本的比例关系之外，融资结构还包括各种资本的构成关系。一般来说，债权人与管理部门签订的债务契约比股东与管理部门签订的契约（如雇用契约、报酬契约等）更具有刚性也更容易执行，而违反债务契约也更容易使管理人员丢掉饭碗。因此，不同来源的债务资本可能会对企业管理部门产生相同的压力，激励管理人员努力工作、节制个人消费、降低代理成本，从而提高企业价值。而不同的股权结构，可能会对公司价值产生不同的影响。所谓股权结构，是指公司股东的构成，包括股东的类型及各类股东持股所占比例、股票的集中或分散程度、股东的稳定性、高层管理者的持股比例等。因此，对股权结构的分析可从以下三个方面展开：首先，股东的身份应当是明确的。如果股东的身份不明确即"所有者缺位"，就会产生较严重的"内部人控制"问题，从而降低企业价值。其次，各股东的持股比例即股东的集中或分散程度也会对企业价值产生影响。股权越集中，投资者就越能有效地控制和监督管理部门的行为，从而可以有效地降低代理成本，促使企业价值的提高；相反，股权越分散，个人股东对企业的关心程度就会越低，这是因为采取行动的成本要由自己承担，而行动的收益却由全体股东分享。因此理性的投资者就会采取"搭便车"或"用脚投票"的方式来维护自己的利益，管理部门就会控制企业。此时，代理成本就会变得很高，不利于企业实现价值最大化的目标。最后，高层管理者的持股比例也会影响企业价值。

高层管理者的持股比例越高，其与企业的利益就越能保持一致，他们就会越努力工作，从而可以有效地提高企业价值。而高层管理者的持股比例越低，其经济利益就越会与企业的利益相背离，从而使其在追求自身利益最大化的同时损害企业的利益，导致代理成本高昂，降低了企业价值。上述分析说明融资结构和企业价值之间存在着密切的关系，可以通过完善企业的融资结构来提高企业价值。这一结论将有助于我国企业融资结构的调整和完善，企业可以合理利用财务杠杆，降低财务危机成本和代理成本，以提高其价值。

关于管理者股权与公司价值之间的非线性关系也得到了来自不同国家的实证研究的支持。魔克等（Morck et al.，1988）得出了美国公司中的管理者股权与托宾 Q 之间存在非单调关系的结论。事实上，即使在同一个国家和同样的经济环境中转折点也可能不一样，更不用说环境不同、样本不同，有时甚至公司价值指标不同等都会对结果产生影响。但是，管理者股权与公司价值的非线性关系已经基本得到认同，这种非线性关系是利益趋同效应和管理者防御效应竞争的结果，而准确地确定两种效应发挥作用的转折点并没有理论基础，实证结果也存在差异。根据以往的实证结果可以预料，管理者拥有相当的股权份额，获得公司相对较大的控制权，他们的行为与股东的行为基本上是一致的。

在讨论外部股东时，主要讨论机构投资者股东，因为他们持有的股权份额较大，能够充当公司的大股东，对公司的决策和行为会产生重大影响，进而影响公司价值。而众多小股东多数行使的"用脚投票"的方式，每个小股东对公司决策影响不大，他们更多地借助外部股票市场和控制权市场，实现对公司价值的影响。

关于股权集中度与公司价值实证研究的矛盾结论，意味着股权集中度与公司价值之间可能存在非线性关系。

对于股权集中度与公司价值的关系，这里从公司治理机制入手，分析股权集中度对公司治理的影响，进而说明股权集中度对公司价值的影响，并得出股权适度集中的结论。

按照公司股权结构的分布状况，将其分为三种类型：一是股权高度集中，公司拥有一个绝对控股股东，持股比例一般在50%以上；二是股权高度分散，公司没有大股东，所有权与经营权基本完全分离，单个股东所持股份的比例在20%以下；三是股权相对集中，公司拥有较大的相对控股股东，同时还拥有其他大股东，持股比例在20%~50%。

委托—代理问题是公司治理中的一个核心问题，完善的公司治理就是要建立一系列制度和机制使公司经理人员的目标与所有者的目标相一致。然而，由于经理人员是一个"经济人"，他总是会设法追求自身利益的最大化，也就是经理人员不会自觉地为股东谋求利益最大化。这就要求所有者对经理人员的行为进行监督，而建立有效的监督机制，是保证经理人员按股东利益最大化行动，提高公司价值的重要保障。但不同的股权结构，对监督机制的影响不同。

当公司股权高度集中，存在绝对控股股东时，如果经理人员不是控股股东本人，该股东既有动力又有能力去监督经理人员。当公司拥有控股股东，而其他的股东都是分散的小股东的情况下，如果公司的经理人员是控股股东本人，此时，对经理人员的监督重任就落在了小股东的身上。而小股东由于持股比例较低，他们在监督经理人员的问题上都存在"搭便车"的动机，在这种情况下，公司经理人员难以受到监督。

如果公司的股权结构不是高度集中，而是存在相对控股的大股东，此时对代理人的监督有可能比较有效。因为在相对控股的情况下，有可能是几个大股东持有较多数量的股权，他们对监督经理人员一般不会存在"搭便车"的动机。因为，如果代理人偏离委托人的利益目标造成损失，而他们因持股的比例相对较大导致承担的损失也较大。同时，大股东的监督成本往往小于进行有效监督获得的收益。另外，从法律角度来看，许多国家立法支持大股东在合法权益受损失时对董事会或经理人员的诉讼请求，这无疑为大股东积极监督经理人员提供了便利和激励。

当公司股权结构极为分散时，由于没有大股东的存在，公司的小股东缺乏动力和能力去有效地对经理人员进行监督。在这种情况下，公司的代理人往往缺乏股东的有利监督而会使代理人与委托人的利益偏离日趋严重。当然，这种极为分散的股权结构只有在美国、英国等国家的一些公司存在，在大多数国家中，公司的股权结构是有一定的集中度的。

二、融资结构与价值创造关系的动态分析

企业融资结构的动态变化伴随着股权和债权的比例变化，这些变化会形成外部交易成本，外部交易成本通过信号传递、税盾效应等，最终通过价值创造反映出来，且它们之间的传导需要一个时间过程。

（一）融资结构对外部交易成本的影响

在实际中，企业融资结构的动态变化是由企业经理人决定的，包括调整的大小和速度以及调整的目标。而这一切都随着股权和债权的增减，债权的增加会形成债务利息，债务利息对企业来说是一种成本，同时股权的增加也需要支付股息，这些都是外部交易成本，外部交易成本受宏观因素和微观因素的影响。宏观因素包括金融体系的完善程度以及市场的供求，这些都会形成利率；微观因素就是企业的所得税等。

（二）外部交易成本对价值创造的影响

企业融资结构是不断的发生动态变化的，由此会产生外部交易成本，即利息或者股息的增减，影响外部交易成本的主要因素有资本市场和金融中介的不完善。从第二章的理论介绍可以看出，融资结构的动态变化所引起的外部交易成本可以通过信号传递机制以及融资结构中的负债变动中的税盾效应来影响价值创造或者价值，下面分别介绍通过信号传递和税盾效应如何对绩效产生动态效应。

1. 信号传递机制

西方学者认为企业融资结构的变动本身就向市场传递了一种关于企业质量的

信息。信号传递的原理认为企业内部人比外部投资者更加了解企业的内部情况。

而外部投资者把企业融资结构的动态变化看成一种信号，罗斯（Ross，1977）在严格的假设下，证明了融资结构能够传递正确的关于企业质量的信号，模仿企业会受到惩罚。因此，理性的市场投资者会把财务杠杆变大作为企业具有好的投资项目或者企业有好的发展机会的信号。但是在信息不对称的情况下，融资结构的动态变化能否明确地传递企业信息却值得我们深入探讨。通过大量的实证检验，在信息不完全的情况下融资结构的动态变化可以被经营者当成传递信号的工具，传递企业价值和未来预期的信息。但是在我国由于市场的不完善，市场不能传递企业价值信号，人们往往把企业融资结构动态变化尤其是财务杠杆的增大看成企业经营风险的增加，很多外部投资者都会预期企业经营状况不好，而不是企业经营的正面信号。

2. 税盾效应

（1）债务税盾效应。企业的资金来源分为债务和股权。世界大部分国家的税法规定，债务的利息在税前支付，而税后利润用来支付股东股息。根据 MM 定理，企业在有所得税的情况下，企业的加权资本成本随着财务杠杆比率的增加而降低，债务相对于股权有避税作用，企业提高的价值即企业债务避税的利益等于利息乘以税率。随着税率的提高，债务的避税利益增加，企业就有更大的激励进行债务融资。在我国，大部分企业实行 33% 的税率，也有企业实行 15% 的优惠税率。根据胡援成（2001）的观点，实行 33% 的税率，企业的财务杠杆比率为 60% 时企业价值最大。此外，胡援成（2002）从 MM 模型以及修正的 MM 模型入手，以时间价值为基础建立反映融资结构与财务风险的企业价值基本模型。然后针对企业的两种基本状态，即价值增长型和价值衰减型，以及企业价值的极限和平均形式分别进行描述和研究。他指出长期严重超载的债务负担也会造成两种严重后果：一是对企业权益资本侵蚀；二是债务负担的转移。企业在债务负担过重、长期亏损的状态下，负债利息对权益资本的侵蚀会持续进行，企业预留利润和资本公积会消耗殆尽，此时企业将面临着破产的境地。

（2）非债务税盾效应。以前的研究重点放在负债具有税盾效应，而忽视了非债务的税盾效应，具有非债务税盾效应的其他费用有可抵免支出和递延所得税贷项，如折旧等。很多学者认为这些具有非债务税盾效用的其他费用是一种替代形式的财务杠杆，且非债务税盾不像债务税盾效应那样对企业产生经营风险，即债务增加会提高债务偿付。非债务税盾的存在为企业减少所得税提供了选择办法，同时也减弱了债务税盾的价值。有学者认为折旧、投资税贷项和税务亏损递延等非债务税盾可作为负债融资税收利益的有效替代，在其他相同情况下，拥有较多非债务税盾的公司应更少地使用负债，如石油和天然气公司及钢铁公司（它们有折旧和亏损递延），应有比其他行业更低的资产负债比率。相关研究者运用财务杠杆模型，通过实证发现非债务税盾的增加将导致最优负债水平的减少。因此，非债务税盾假设认为折旧费用对负债具有负面的影响。

目前存在两种观点：一是融资结构与非债务税盾呈负相关关系；二是融资结构与非债务税盾之间呈正相关关系但不显著。从上面的分析可知，如果企业拥有较多的非债务税盾，那么企业融资结构中债务的增加并不会引起破产成本的成倍增长。因此，企业向着更高的财务杠杆比率调整时，它的税盾效应会更加明显。相反，非债务税盾效应小的企业，随着其负债的增加，虽然税盾效应也增加了，但是其破产的可能性增加，不利于其融资结构的动态变化。杨丽彬和陈晓萍（2007）基于这种观点将企业分为税收耗尽企业、税收非餍足企业和税收敏感性企业。通过实证发现，在我国不同类型的企业在债务融资中的表现有所不同，税收敏感性企业和税收非餍足企业对债务的利用程度较高，因为这些企业实际税率较高，利息支出的税盾收益较为明显，因此有较强的动机去享受债务费用的税盾收益。同时，税收非餍足企业的非债务性费用对其负债利用程度的影响不显著。然而税收敏感性企业的非债务性费用的税收替代效应在大部分时期不存在。

（三）融资结构、内部交易成本与价值创造之间的动态关系分析

融资结构动态变化会引起股东控制和外部控制重新分布，即治理结构的调整，公司治理结构作为处理股东、债权人及经理人等企业利益相关者之间关系的一系列制度安排，目的是在所有权和经营权分离的条件下，为减少由于代理问题而产生的代理成本，保证投资者的利益及控制权的合理配置。融资结构动态变化

所形成的一系列治理结构的调整会产生内部交易成本，即内部调节成本，最后通过价值创造表现出来，可知引起这一系列变化是需要时间的，因而不同的时间段融资结构对价值创造的影响也应该不同。

1. 融资结构对公司治理的影响

从激励理论的角度看，不同的融资结构对应着不同的代理成本。可以推测融资结构的动态变化会改变代理成本。代理成本分为股权代理成本和债权代理成本，这两者分别是由股东和经理人、股东和债权人之间冲突引起的。由于经营者不是完全拥有公司的剩余索取权，所以他们从自己的努力中获取相对应的报酬，却不承担自己相应行为所形成的费用以及与之对应的责任。这样，经营者就不会尽自己最大的努力为公司价值的最大化服务，甚至会将公司的资源转化为自己的私人利益，这样经营者就能独享全部好处，承担部分的费用。而经营者此种行为引起的直接后果是股权代理成本的增加。现代融资结构理论认为，适当的负债有助于减少股权代理成本。一方面，债权人在企业中的投资会形成专用性资产，为了使这些专用资产增值，债权人积极参与到企业的治理中，这样降低了股权代理成本，提高了价值创造。部分研究者将公司融资结构动态演变的诱致因素归结为资产专用性和代理成本两个方面，并按照代理理论思路建立考虑资产专用性和代理成本因素的融资结构动态模型，通过对动态模型的数理特征分析和实证检验，得到与威廉姆森（Williamson，1988）完全一致的理论结论，即资产专用性程度与融资结构中的负债水平成反比，与权益资本水平成正比。另一方面，负债的增加使企业产生了不能按时偿还债务而破产的可能性或企业陷入财务危机的可能性，提高了企业陷入财务困境或破产的概率。因此，一定的负债会促使经营者努力工作，减少消费，并且做出更好的投资决策，降低了债权代理成本，提高了价值创造。同时，叶麦克（Yermack，1996）选用1984～1991年8年的434家非金融和非公用事业公司的3085个观察值作为研究样本，实证研究了管理者壕沟（Entrenchment）与融资结构间的关系。

2. 公司治理对内部交易成本的影响

交易成本的概念由科斯（Coase，1937）首先提出。Cheung（1983）认为，交易成本是一系列的制度成本，包括信息成本、监督管理成本和制度结构成本等一切不直接发生在物质生产过程中的成本。速度、时机、流动性以及规模是影响交易成本的四个因素。交易成本经济学主要的贡献在于以交易维度衡量各方对交易特征的认识程度，选择适合的资本治理模式，这正是交易成本经济学融资结构理论的重要观点。交易成本经济学的融资结构理论认为，在企业融资活动中，企业和投资者之间是一种交易关系。投资者为企业提供所需资金，并按照某种约定的方式监督和管理这部分资金，并在适当的条件下获得回报；企业获得资金，并在一定条件下按照约定方式使用资金并给予资金的提供者相应回报。

　　然而，交易双方不可能在签订融资合约时完全理性，或者说对未来的情况能完全预料。企业融资结构动态变化需要通过一系列交易行为实现，无论是单独调整债务或权益数量还是同时变动，都需要付出内部交易成本。在这种情形下，不同的交易特征就会导致交易双方不可预知的交易行为，为了节约交易成本，需要寻找与交易特征相匹配的治理结构。而在现实中，出于调整成本或交易成本的存在，随着时间的推移，公司不可能总是把它们的融资结构调整到最优状态，而是处于一个次优的状态。融资结构的动态变化主要包括两个方面：一是绝对量的变化，包括股权资本绝对量的变化和债务资本绝对量的变化。股权资本绝对量的变化主要有增资扩股（股权资本增加）和股票回购（股权资本减少）；债务资本绝对量的变化主要有发行公司债券、增加银行借款（债务资本增加）和回购公司债券（债务资本减少）。二是相对量的变化，包括股权内部结构的相对变化和债务内部结构的相对变化。股权内部结构的相对变化主要有各持股主体之间持股比例的变化、股权流通比例的变化、股权集中度的变化等；债务内部结构的相对变化主要是公司长期债务与短期债务之间比例的变化。根据影响交易成本的因素分析，结合融资结构动态变化具体的行为，笔者把融资结构动态变化引起的交易成本的因素简化为：①交易数量，即债权或者债务变化的绝对量；②交易速度，即债权和债务变化的速度；③资产专用性程度，即债权人对资金在企业中的项目要求；④市场不确定因素，即企业经营者无法控制的随机因素。假设这四个特征变

量分别为 q、k、P、W，则交易成本函数为：

$$AE = F\ (q,\ k,\ P,\ W) \tag{3-1}$$

需要说明的是，如果单位时间内企业将债务杠杆比率调整到最优，则 $q=1$；相反，若企业融资结构并没有发生变化，则 $q=0$，即没有产生交易成本；一般情况下，企业融资结构发生动态变化，会向最优融资结构调整，则 $0<q<1$。为了进一步探讨融资结构动态变化所形成的内部交易成本曲线，需要对部分条件加以界定和简化。

H1：不考虑企业资产专用性程度、融资结构的调整速度和市场不确定因素的影响，只分析交易数量与交易成本之间的关系。针对融资结构调整速度，我国学者屈耀辉（2006）对采用742家公司1991~2004年的非平行面板数据进行实证研究，发现了中国上市公司年度间的融资结构调整速度很小。

H2：根据一般的交易成本经济学理论，交易额越多，优化行为的交易成本应该越大。

H3：假定交易成本为最普通的成本函数，其由两部分组成：一是固定成本，即不随交易量的变化大小而改变的成本；二是可变成本，即随着交易量改变的成本。依据上面的假设，可以简单地绘制出融资结构动态变化（即数量的变化）与交易成本之间的数量关系。针对我国融资结构动态变化的研究，肖作平（2004）认为当公司调整其债务时，要承担交易成本，但就中国上市公司而言，这可能是因为公债的交易成本比私债高，而中国企业债券市场极其不发达，企业债务绝大部分是由商业信用和银行贷款等私债组成，公共债务在债务中的比重极少，造成其交易成本低于美国、英国等发达国家。从上面的分析可以看出，融资结构的动态变化引起了公司治理结构的调整，从而产生了内部交易成本，而这些交易成本的出现会进一步对价值创造产生作用。

3. 内部交易成本与价值创造的影响

内部交易成本分为股东监督成本、股东协调成本、债权人优先索取权成本、债权人协调成本等。作为股份资本的提供者，股东拥有企业最终剩余价值的索取权和剩余控制权，股东的收入具有不确定性，在一般情况下，股东按照其持股比例获得企业的剩余收益。股东出于对自身利益的考虑，会对经营者做出要求以达到股东收益更大，与债权人相比，股东可以对企业的活动进行更紧密的监督和管制。股东除了行使其投票权和表决权外，还可以通过审计、正式控制系统、预算约束和激励补偿等手段积极参与企业的管理和项目监督，这些都构成了股东的监督成本，一般而言，监督成本是很高的，尤其是目前很多企业采取股权激励政策。

同时，股东各自的利益不一致以及使用负债融资可能会受到债权人的"要挟"，为了协调这些利益相关者的不一致，股东很可能会改变企业的发展战略，这些都是股东所付出的协调成本。优先索取权是债权人保护自身利益的唯一有效手段，即使是通过法律制裁等手段，其成本也会很高。同时企业资产的专用性加大了债权人的风险，资产的专用性降低了债权人通过资产清偿而得到补偿的可能性。一般情况下，企业资产的专用性越强，债权人优先索取权的成本也就越高，因为很难找到市场。同时，由于市场的多变性、政策的不可预测性等原因，企业要保证持续经营必须时刻应对各种外来的冲击，企业随时可能出现流动性冲击，或者为了应付更强的竞争对手需要增加和减少负债，负债作为一种简单的市场治理机制很难以低成本来应对突发调整，借贷双方的沟通与谈判又降低了企业应对不确定性时的灵活性。要解决债权人与企业之间的分歧需要较高的成本，这就是本书所说的债权人协调成本。这些成本之间存在此消彼长的关系，综合起来对价值创造产生影响。

第四章 融资结构与企业价值创造运行机制研究：基于创新驱动背景

本章以融资结构为核心，围绕其影响因素、融资结构，通过创新驱动对企业价值创造的影响和优化融资结构促进价值提升等方面展开研究。融资结构失衡是目前我国企业融资结构中最为突出的问题之一，融资结构过度依靠银行债权性资金，整体社会高负债运行，在经济增速下滑时蕴藏巨大的系统性风险。尽管资本市场经过了多年发展，我国融资结构长期以来重"债"轻"股"的局面并没有得到根本性的改变。我国融资结构仍然是以债权融资为主，股权融资只占很小一部分，而债权融资中银行贷款占绝大多数。在改革开放后的数十年，以银行为主的金融体系对中国经济发展做出了很大贡献。但是我国国民经济已经到了减速换挡期，过去靠大量投资拉动的发展模式难以为继，未来我国的经济要转型必须以创新驱动为发展模式。此外，不少银行也开始突破传统渠道，更多使用资本市场工具。目前，国内区域发展已进入以创新为主体的新一轮竞争加速期，创新驱动型经济也成为一种新的经济增长方式。"互联网+"作为一种新的创新驱动力，日益对社会、生活、企业经营等各个方面产生了重要的影响。"互联网+"对企业的影响是全面的、深刻的，逐渐由消费领域向生产领域延伸，它比以往更加关注消费市场、关注消费者的满足程度。《2021年国民经济和社会发展统计公报》的数据显示，我国研发支出经费2021年已经增长到27864亿元，比2020年增长14.2%，我国R&D投资的规模和强度不断扩大。本章选取一个成本方面的重复博弈，验证了"互联网+"对企业运行机制的影响，其结论为在无限次重复博弈的情况下，企业之间就会相互学习，共同协作，最终达到成本的共同降低，对企业融资结构提供依托，即子博弈完美纳什均衡。同时，本章也详细探讨了"互联网+"创新驱动对企业运行机制的影响，主要体现在个性需求与精准营销、商业模式变通、生产"智"造、云平台研发协同、价值链的变革、融资等方面，并在此基础上提出了三点宏观建议，即数字化思维的培养、企业的数字化转型以及寻求切入点。

企业增加负债有助于促进企业创新规模的增长，当企业负债水平超过某一临界值时，企业继续增加负债则会对企业创新规模产生抑制作用，而企业创新效率则随着企业负债水平的增长逐步提升（吴尧、沈坤荣，2020）。近年来，我国许多商业银行都开始了"投贷结合"的经营模式，通过提供股权融资更好地服务实体经济。通过比较权益性资金与债权性资金对实体经济的不同意义，研究分析融资规模与不同性质资金实体经济的意义，为当前经济变革提供依据。本章围绕融资结构，形成企业融资结构，影响企业创新，为当前创新驱动背景下企业科学确定最优的融资结构提供了一定的理论参考。对于公司而言，融资决策中的主要内容之一是确定其债务水平，此水平是不同的代表主体——债权方、投资者和经营者之间相互博弈的结果。通过各方主体的不断博弈，相应的决策体系应运而生，企业通过相应的决策选择，分别确定企业的债务融资和股权融资的数量，形成企业的融资结构。

第一节　创新驱动及其对企业运行机制的影响

一、创新驱动的概念及相关研究

"创新"一词一直是学术界和实际工作者研究的焦点。尤其是党的十八大提出实施创新驱动发展战略以来，国内区域发展已进入以创新为主体的新一轮竞争加速期，相关的创新驱动研究日益丰富起来。对创新驱动的发展研究，最早可以追溯到熊彼特（Schumpeter，1912）提出的"创新"概念，其主要贡献是把发明创造与技术创新区别开来，并强调了创新对经济发展的重大意义，即经济之所以不断发展，是因为在经济体系中不断地引入创新。但在前期，研究经济发展主要偏重于传统影响因素（劳动、资本等）对经济发展的影响，并没有把创新因素上升到一个高度，直到索洛的新古典增长模型，首次将技术进步因素纳入到影响经济增长的因素之中进行研究，却忽略了技术创新作为经济增长的内生变量的作用。而内生增长理论则把技术创新作为经济增长的内生变量对待，强调技术创新对经济发展贡献的内生化，强调在缺乏技术进步的条件下，长期经济增长会出现停滞的结论。所以，长期持续的经济增长只能借助外来的技术引进和扩散。从索洛的新古典经济理论到现代经济理论，创新已经成为经济增长的核心驱动力，创新驱动型经济也成为一种新的经济增长方式，为世界各国所追寻的理想经济增长模式。

对于创新驱动的研究，早期的研究主要集中在经济增长方式和影响发展因素上。例如，吴敬琏（2006）提出我国当下处在从早期增长阶段向"现代增长阶段"的过渡阶段；胡鞍钢（2002）则指出中国目前的经济类型以要素驱动和投资驱动为主，郭庆旺和贾俊雪（2005）通过对 TFP 的测算，推断出我国当前的经济增长以要素驱动为主。可见，创新并未成为我国经济发展的主要驱动因素。随着传统因素对经济发展的影响趋缓以及发展中暴露出的各种问题，学术界对创新驱动的研究就提上了日程。梳理目前的研究动态，主要集中在三个方面：一是创新驱动对经济发展的影响效果研究。例如，方健雯等（2008）指出政府科技经费支出、FDI、企业 R&D 经费支出等因素对创新驱动具有显著影响；王珍珍（2014）研究了创新驱动发展的实施效果，指出目前大部分地区仍然处于以要素驱动和投资驱动的经济增长模式，过度依赖劳动力比较优势和物质资本的投入。而东部地区的部分省份已经开始意识到创新驱动战略的重要性，开始从要素驱动模式和投资驱动模式转向创新驱动模式。二是区域创新体系研究。研究者从不同角度，提出了区域创新体系，典型的体系包括"主体说""网络说""主体加网络说""系统集成说"（魏后凯，2006）。三是创新驱动理论研究。例如，朱晓霞

（2008）指出中小企业创新投入对区域创新系统产出增长的贡献最大；蒋玉涛和招富刚（2009）提出一套创新驱动型区域评价指标体系；夏天（2010）将创新驱动的过程分为前端驱动、过程驱动及后端驱动三个阶段，深入分析各个阶段的特征等；股权激励促进企业创新（田轩、孟清扬，2018）；杠杆率有利于企业创新（王玉泽等，2019）；过度信贷企业持有的金融资产增值不仅不能通过财富效应促进其创新活动，股票投资还会显著抑制其创新活动，降低专利数量与创新效率（赵栋、吕思聪，2019）。数字化转型赋能在当今智能互联、云数据等大背景下，与以往技术有显著不同，对经济增长具有颠覆性影响，是保证创新项目正常运营和进行的有力保障和重要资金支持。我国 R&D 投入总量是数字化转型赋能的重要创新驱动因素，近年来有逐年增长的趋势。该因素不仅促进并提升了全要素生产率，还逐渐发展为新的生产要素，提升了企业财务价值创造。数字经济是以数字化的知识和信息作为关键生产要素、以数字技术为核心驱动力、以现代信息网络为重要载体，通过数字技术与实体经济深度融合，不断提高数字化、网络化、智能化水平，加速重构经济发展与治理模式的新型经济形态（肖静华，2020）。

二、创新驱动对企业运行机制的影响

在创新驱动背景下，企业的运行机制会发生相应的重大改变，这种改变会涉及很多层面，从市场运营到企业文化等各个方面，它不仅体现在企业内部自身的变革方面，更多的是站在"互联网＋"的视角上所审视的内部变革的"延伸"。这些变革的发生将会对企业的价值创造产生重大影响。

创新驱动背景下企业运行机制的变革可以用一张简图示意，如图 4-1 所示。

（一）市场运营

1. "粉丝经营"下的个性需求与精准营销

在传统市场行为模式下，企业与消费者信息交换不充分，旧有的需求定位粗略，导致企业不能有效识别消费者的个性需求，只能采取同质化的生产方式和产品，从而针对大规模的需求采用大规模的生产方式。

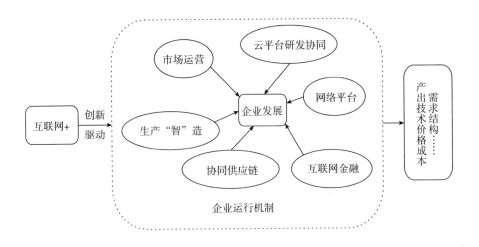

图 4-1　创新驱动背景下企业运行机制示意图

资料来源：笔者自行整理。

　　但在"互联网+"背景下，这一需求机制将会改观。企业运用互联网、移动互联网等实现对用户的泛在连接，企业基于大数据分析手段和互联网平台，与消费者进行用户行为、需求、行情等海量情报的对接，从中解析出"用户级""会员级""粉丝级"的消费者，其中"粉丝级"的消费者尤为重要，其与企业是"生死之交"，可以说是企业的忠实拥护者、无偿建议奉献者、免费分享宣传者，也是最为重要的利润来源者。企业可以对他们实施精准定位和营销，真正做到按需生产，提供个性化的产品。这在一定程度上，通过实施大规模个性化定制满足用户的长尾需求，这样一来，供给与需求可以很好地被连接起来，从而促进长尾内容的发展壮大。

　　2. 商业模式运行机制的创新

　　商业模式的概念由于不同的学者理解不同，其概念界定也是五花八门，本节主要从营销的角度进行研究。互联网作为一个强大的天然媒介，具有极强的网络外延经济性、长尾效应以及 AC 趋零性，使企业能够借助互联网进行创新。这种创新不仅体现在一个行业通过细分领域间的交叉与融合而产生的新商业模式上，还体现在对传统行业的深度渗透与高效整合而形成的新型商业模式上。

由于互联网的泛在连接能够最大程度接触到各类消费者，同时通过强大的数据分析，准确选择自己所要服务的群体，这样，选择的群体不一样，所实行的商业模式也不相同。传统企业仍然偏重于传统的商业模式，诸如现场调查、入户访问、电话回访等手段，但沟通成本高、效率低、受众面小。但在"互联网+"背景下，众多的商业模式脱颖而出，诸如微信、二维码、APP、移动O2O、3D体验等新手段和新模式，企业可以构建"线上线下"结合、虚拟与现实互通的新型用户体验方式，极大丰富产品展示和营销渠道，从而增加用户黏性，多渠道、多层次地实现供需互动。

3. 用户的参与机制发生改变

在无数字化思维下，消费者参与企业的生产与经营环节十分有限，一般来说主要集中于终端零售环节，主要是对产品改进的一些建议等，但这种建议能否得到采纳和实施尚未可知。但在"互联网+"背景下，终端用户参与企业生产经营的过程则更多、更广泛。

在互联网的驱动下，更多消费者参与了企业运作过程，催生了C2B模式，即消费者驱动的参与模式。不只是针对最终阶段的产品，任何一个阶段的产品都可能考虑消费者的建议或要求。企业主要是通过C2B模式，让消费者参与到产品设计和研发环节，每一个消费者的合理建议都可以成为产品的一部分，一定比例的消费者作为产品的设计/研发者中的一员来决定产品的功能及性能。产品满足了消费者意愿，这些消费者也会成为这个产品的忠实用户。

（二）生产"智"造

囿于传统思维，很多的生产企业仍然采用相对固化的生产线和生产体系，不能有效地获取先进技术和资源优化配置，导致生产成本过高、产品附加价值低和技术落后等。造成这一局面的主要原因在于企业与互联网融合度低。从总体来看，我国互联网产业发展迅猛，但互联网与产业融合的步伐相对较慢，其中融合好的为零售业，而工业等行业则融合迟缓。而企业对互联网的依存度依然不高，很多企业仍把互联网视为一个媒体，其功能就是广告或电商团购等，这在一定程度上制约了生产企业的"制造"业务升级换代。

近年来，具有信息深度自感知、智能优化自决策、精准控制自执行等功能的智能制造模式迅速发展，智能制造、智能工厂开始出现，这为网络化、智能化的生产奠定了基础。在创新驱动背景下，企业封闭式的生产将会被打破，企业的生产将开始走向网络化的途径，物联网、云计算、大数据等新技术的出现则是助推了这一进程的步伐，企业的动态联合体成为可能，这不仅能帮助企业有效实现设计、制造资源的共享协同和优化配置，还有助于提高企业快速反应和竞争能力。对于大型企业来说，网络化制造能使其组织结构更加扁平化，得以通过更灵活、更有效率的方式集聚资源，提升竞争力；中小企业则可在网络协同过程中找到与龙头企业合作的机会，充分发挥自身优势。

（三）云平台研发协同

一般来说，受空间、资源等限制，传统企业研发设计环节主要在企业内部完成，但单凭企业自己完成则困难重重，既受创新思维的限制，也受资金、人员、条件、技术水平等的限制，且费时较长，最终产品也不一定符合消费者的需要。但在创新驱动背景下，研发设计往往是满足市场需要而设计的，不会出现盲目的设计，只要新产品出现，肯定是受市场欢迎的。

云计算技术的出现为强大的研发云平台提供了技术支撑。云平台则可以为企业提供开放的协同服务，设计人员可通过共享平台，查看和利用云端设计资源和软件，实现企业内部及企业间合作与协同共享，能够打破地域限制、提高企业研发效率、降低人员往来成本。

众包设计就是一个基于云平台的典型研发模式。许多创意都是通过众包设计来实现的。一个企业单凭自己员工的创意是有限的，这时企业可借助众包平台把众多分散的中小型团队及个体专业人员的智慧与创意集聚到一起，通过聚合智慧的力量最终形成一个完整的创意产品设计。这样一来，企业需求方可借此平台发布需求，以悬赏和速配的方式精准匹配到服务者，通过消除信息不对称而提高效率和降低成本。

（四）价值链运作机制的新改观

1. 采购供应链与生产链协同

传统供应链多数还是沿用人工采购模式，费时又费力，甚至会出现采购跟不上生产的步骤，导致生产线搁置或降低速率等，造成资源的极大浪费和生产效率的低下。但在"互联网+"情况下，企业可以采用 B2B 模式，通过互联网平台，生产企业可与上游供应商无缝对接，快速集聚行业内优质供应商资源，在最短时间内以最低成本实现原材料采购的高效匹配，从而避免了传统物料配送环节经常会出现的配送不及时、物料缺少或囤积等问题。同时，企业利用大数据、物联网完善智能信息系统建设，对生产配比、物料配送、产品质量等各环节进行协同管控，实现物料配送的系统化、流程化，这不仅降低了物流成本、能耗和仓储损失，还加速了资金周转，提高了整个供应链的运行效率。

2. 业务链的变革

对一个企业而言，业务种类较为齐全在一定程度上说明企业实力比较强大，有自己的资源基础作为支持，企业可以在短期内还能实现一定的增长，维持一定规模的优势。但从长远来看，这种"单干"的做法却与互联网的做法背道而驰，最终可能走上没落衰败之路。

在创新驱动背景下，企业要学会重新审视价值链，对价值链上存在的威胁可以通过并购转化为自身资源，对自己的业务要重新思考，对核心业务学会保留并做强做大，形成核心竞争力，对非核心业务进行剥离，通过互联网寻求合作或外包，拖企业后腿的业务坚决要淘汰。更重要的是企业通过互联网融合，可以寻求或开发新的业务，寻求新的长尾，甚至开辟新的市场，从而为企业的长远发展开辟新的道路。

（五）融资机制

企业的创新离不开资金的支持。但是目前，企业融资困难是一个迫切需要解决的问题。当前，银行等金融机构贷款主要偏向于效益好、影响力大、竞争力强的知名企业或大型企业，却忽略了众多的中小型企业，尤其是一些规模小、竞争力不强的企业更是难以获得贷款。企业实施创新驱动需要大量的研发、资源的整合以及人才的引进等，这些都需要资金作为支撑，这就决定了企业要真正实现创新驱动，不解决好融资问题是无法实现的。

但在"互联网+"经济下，互联网金融改变了企业的融资机制，企业融资不再仅仅依靠银行。从目前互联网金融发展的现状来看，其主要模式包括第三方支付、P2P贷款、大数据金融、供应链金融模式、众筹融资、信息化金融机构、互联网金融门户等。其中，笔者认为比较流行的是P2P和众筹。

所谓的P2P，即点对点贷款，网络贷款简化了审核的程序，提高了贷款的效率。所谓的众筹，即企业通过互联网平台和社会性网络服务平台，以团购或预购的形式向公众募集融资资金的模式，目前，主要包括股权融资和创新项目融资。这两种模式，解决了大部分中小企业融资难的问题。

随着经济的发展，会有更多的融资方式出现，如"闪电贷""发票换贷款"，甚至大额融资。作为互联网经济下的企业，务必学会现代的融资方式，不能囿于原有的融资方式，才能够筹集到更多的资金来支持企业的发展。

第二节　融资结构契约理论及概念模型

融资结构契约最优化逐渐成为相关学者关注的热点，设计融资结构契约，一般从控制权的安排和收益分配两个问题去研究，包括两类契约：一是债务契约。债务契约有固定的金额支付的界定，与企业收益无直接相关的比例关系，一旦企业经营不善，无法按契约约定偿付本息，则按宣告破产进行清算结算。二是股权契约。股权形成的契约是在有限责任的约束下，企业对债权享有的权益进行支付之后的剩余收益。比较具有代表性的融资结构契约理论相关模型如下所述：

一、企业融资概念模型

企业融资概念模型主要研究了在信息不对称的影响下，作为中介机构的金融组织发挥的功能和产生的深远影响。戴蒙德（Diamond，1991）指出，由于企业从多方投资者处筹集资金，投资者对该企业项目收益的相关信息的掌握存在不对称性。但是，单一的投资者如果消除信息不对称其付出的监督成本可能会较高，而且还存在其他的投资者"免费搭乘"的现象，因此，单一的投资者一般不会实施监督，所以信息不对称现象普遍存在。而多个投资者为了避免更多的信息不对称可能导致的损失，往往会联合起来以寻求第三方来代为实施监管，从而避免"免费搭乘"现象，同时共同分担监督成本。典型的第三方代理机构在实务中表现为金融中介。

戴蒙德模型的主体由一家企业和多方的投资者共同构成。假设公司初创期没有财富的积累，拥有具有可观前景的投资对象，对应的投资收益是随机分布的。投资所产生的预期期望超出竞争表现为均衡情况下的投资率（假定为 R）。所以如果有充足的金融支持，企业在做决策时会选择投资该项目。

企业向 n 位投资者筹集资金，因此期初每位投资者的财富是 $1/n$，假定资本市场是完全竞争的，投资者也认为该项目投资收益率大于 R，那么企业可以从投资者手中顺利地筹集到资金。

因为假定投资收益产出是随机的，即 $\tilde{y} \in (0, \infty)$，企业向投资者分配的收益是 $r(r \geqslant 0)$。投资者清楚投资收益产出的概率，如果投资收益 $\tilde{y} = y$，自己的收益也可以实现最大化，会得到收益 r。假定投资收益 y 大于 R 出现的概率是 1，那么企业投资收益分配金额为 R，这就是一个完全信息契约；但是如果 y 是 0，企业存在有限责任的情况下，不会向投资者分配收益。所以，投资者为了避免投资得不到回报，会在契约中增加相应的限制性条款，也就是在企业破产时所引入的非货币化的处罚。假定这种非货币化的处罚是 r 的函数，也就是说，$\phi = \phi(r)$。投资者的预期收益最小金额 $r_{\min}$ 和 $\phi = \phi(r)$ 是给定的，企业会在众多 r 中选择投资者偏好的支付金额。在上述假定下，对于融资契约的最优化求解如下所示：

$$\phi^*(r) = \max(h-r, \ 0) \tag{4-1}$$

其中 h 为下面方程的最小值解。

$$\{p(\widetilde{y}<h)\times E_{\widetilde{y}}[\widetilde{y}\,|\,y<h]\}+[p(\widetilde{y}\geqslant h)\times h]=R$$

$$\max_{\phi(.)}E_{\widetilde{y}}[\max_{z\in[0,\widetilde{y}]}\widetilde{y}-z-\phi(z)]$$

s. t.

$$z\in\mathrm{argmax}_{z\in[0,\widetilde{y}]}\widetilde{y}-z-\phi(z)$$

$$E_{\widetilde{y}}\in[\mathrm{argmax}_{z\in[0,\widetilde{y}]}\widetilde{y}-z-\phi(z)]\geqslant R$$

对公式（4-1）求解，得出金融契约的最优化解为 $\phi^{*}(z)=\max(h-z,\ 0)$，其中变量 h 是下述方程的最小值：

$$\{p(\widetilde{y}<h)\times E_{\widetilde{y}}[\widetilde{y}\,|\,y<h]\}+[p(\widetilde{y}\geqslant h)\times h]=R$$

在上述公式的基础上，求解得到的金融契约最优值是投资收益 h，非货币化的处罚是实际偿付金额小于面值金额的债务契约。公式（4-1）中的 h 是债权方未来有回报收益 R 的最低面值的临界值。

二、企业权益结构概念模型

企业权益结构概念模型假设经济是由单一企业和两位投资者组成，并构建了四个期间概念框架。①在 0 时点，企业施行投资决策项目，从两个无差异的投资方进行证券融资。任何一方投资者都没有足够的财力支持项目的实施，只有双方投资者同时出资，才能保证项目的金融支持。②在 1 时点，投资者是拥有控制权的主体，雇用经营者进行经营管理，并为经营者选定经营目标。经理人员努力工作的程度会影响在 2 时点的收益信号，并且或多或少地影响 4 时点的投资收益。③在 2 时点，释放投资收益的相关信息，并根据信息影响 3 时点的控制权相应的分配。④在 3 时点，所有者会决定经营者新的经营目标。从而在 1 时点和 3 时点上的选择共同影响 4 时点投资收益。具体概念模型假定如图 4-2 所示。

图 4-2 企业权益结构概念模型

资料来源：Zender J F. Optimal Financial Instruments［J］. The Journal of Finance，1991，46（5）：1645-1663.

综上所述，泽恩德（Zender，1991）对概念模型作出了假设，契约能够确保所有者在 1 和 3 两个时点选择经营者努力经营的最大程度，从而才会形成最优契约，这是关键的核心问题。因为模型中假定有两个投资者，双方都要有取得 4 时点投资收益的同等机会，融资契约在制定时就要考虑到这些方面。实际上，存在一方不会付出最大程度的努力。

所以，融资契约的最优化就要基于 2 时点的收益信息，对 3 时点的控制权以及 4 时点的收益分配进行有效的配置。也就是说，当在 2 时点是较好的信息时，1 时点拥有控制权的一方在 3 时点不改变其控制权，在 4 时点取得分配给另一投资方后的所有余下的利润；反之，2 时点是较差的信息时，在 3 时点控制相关权利就会发生变化，并使对方取得 4 时点的所有利润。对应到实际中的证券投资，上述的控制相应权利与收益权分配的合同表现为好信息与差信息两种情况，即在好信息情况下控制相应权利的是所有者，在差信息情况下控制相应权利的是债权方。

三、融资结构对企业价值影响概念模型

企业融资结构概念模型反映股权和债权的关系，并且研究了最优融资结构形成以及对企业绩效产生的影响。公司集权具有控制和制约经营者的功效，避免所有者的权益受到伤害；然而过分集权也可能对经营者造成过分更换，因此，在企业价值较优的状况下，集权化程度不高也有利于产生相应的鼓励效用。最优融资结构就是在股权集中和股权分散之间达到相对的平衡。同样地，债务契约则强化了债权人相应的控制力，在绩效良好的情况下，通常企业会选择较为集中的股权。所以，在这些情况下，债务产生的约束会形成较为集中的股权。

假定初始状态中，企业有单一或多方投资者，并且还有一位经营者经营管理企业。在 1 时点，对未来现金流和控制权实施有效的平衡，在 2 时点，经营者选择努力经营的高低程度。如果实现现金流 $c \in \{c_l, c_h\}$，经营者努力工作的概率是 p，其个人私有成本是 k。经营者拥有全部信息的集合，所有者监督经营者的

个人成本是$\frac{1}{2}\theta m^2(m \in (0, 1))$，所有者鉴别企业价值最大化的项目$r'$的概率是$m$，经营者对所有者无法识别的$(1-m)$概率下的项目进行选择。3时点上，项目实现的最后现金流是$c(\gamma)=\gamma\phi_l$，经营者取得的个人收益是$B(\gamma)=\beta-\gamma\phi_M$，前面两个式子中$\beta$、$\phi_l$、$\phi_M>0$。其中权益的分散程度的最优化公式（4-2）如下所示：

$$\alpha_E = 1 - \frac{k\theta}{\phi_l\phi_M p} \tag{4-2}$$

如果个人努力工作成本k是小于其收益p的，或监督成本θ是比较低的，对于经营者的激励不用通过分散股权去实现；当较大量的现金流损失出现的情况下，ϕ_l较大，或者ϕ_M比较大（经营者对项目存在明显的偏好），集中股权来对企业实施控制。如果债务是比较分散的，而权益分散的程度比债务集中还要大，也就是说，$\frac{\partial\alpha_E}{\partial\alpha_D}>0$。

因为负债对经理人的低绩效产生硬限制，而所有者权益对经理人的高绩效产生软限制，负债对经理人实施的管控权并不能全部替代股东权益的效力，只是向其发挥补充作用。但是，在存在大股东的状态下，有必要对债务契约制定更严格的相应条款。

第三节　融资结构与企业价值创造博弈分析

一、博弈模型的基本假设

在投融资初期的运营设计阶段，企业将选择"融资"或"不融资"的策略；同时，债权方和股权方可以选择"投资"或"不投资"的战略。表4-1显示了企业和投资者之间博弈的战略组合。

表4-1　博弈策略组合

企业＼投资方	投资	不投资
融资	a11（融资、投资）	a12（融资、不投资）
不融资	b21（不融资、投资）	b22（不融资、不投资）

　　在博弈之前，为了使博弈的讨论有一个共同的基础，必须首先确定以下博弈的基本假设。假设博弈行为的参与者是研究主题相关的利益相关主体。参与者是完全理性的人，即在博弈中假设参与者是理性的，各方在决策时可以充分考虑自己所面临的现状以及对方行为对自己的影响和后果，并根据各种假设选择使自身利益最大化的策略。在博弈双方参与者都清楚对方利益的情况下，双方同时决策时，不应存在干涉和串通。

二、博弈模型的建立

　　在博弈模型中，参与主体有两方：一方有两种策略，即融资政策放松和融资政策收紧；另一方也有两种策略，即主动选择投融资或放弃投融资。一个完整的信息静态博弈矩阵模型通常包括四个象限。第一象限表示宽松的政策策略确立良好的主导作用。投资者与融资者意识到资金的重要性，为了带来高回报，主动进行投资并获得资金支持。最佳的选择策略是（积极的投融资，宽松的政策），这将实现帕累托最优。第二象限表示收紧政策，没有提供有针对性的融资政策支持，另一方不选择投融资。第三象限表示通过宽松的政策增加投资。然而，由于资金有限或只注重短期收益，其中一方积极放弃投融资。第四象限表示没有提供有针对性的融资政策支持。由于资金短缺以及预计未来行业的低量、低价热潮，另一方放弃投资和融资。可以看出，博弈矩阵模型是一种典型的"囚徒困境"。博弈双方都在追求自己的利益，但代价是对彼此利益造成更大的损害。因此，（放弃投融资选择，收紧政策）是纳什均衡解，但这种均衡结果是最糟糕的结果。

当出现第二象限组合时，认为企业战略是高风险策略时，倾向采取低负债水平的融资结构，高产出收益。在第一象限情况下，采取了高风险战略，但企业由于高负债，可能由于风险过高失败而破产，导致高昂的资金使用成本。在第三象限情况下，低风险战略的企业应用了低负债融资结构，低风险战略下可能失去高风险战略下带来潜在收益的机会。在第四象限情况下，由于低风险战略的企业应用了高负债融资结构，低风险战略企业减少了高风险下可能带来的收益。

假定企业风险战略是 a11 类型的概率为 P_1，则 a12 类型的概率为 $1-P_1$；同样融资结构低负债的概率为 P_2，高负债结构的概率为 $1-P_2$。企业采取 a11、a12 的平均收益如下：

$$\pi_{11} = p_2 s + (1-p_2)(s-c) \tag{4-3}$$

$$\pi_{12} = p_2(s-L) + (1-p_2)(s-c-L) \tag{4-4}$$

平均收益为：

$$\bar{\pi}_1 = p_1 \pi_{11} + (1-p_1)\pi_{12} \tag{4-5}$$

同样，企业采取 b21、b22 行为时的收益如下：

$$\pi_{21} = p_1 s + (1-p_1)(s-L) \tag{4-6}$$

$$\pi_{22} = p_1(s-c) + (1-p_1)(s-c-L) \tag{4-7}$$

企业平均收益为：

$$\bar{\pi}_2 = p_2 \pi_{21} + (1-p_2)\pi_{22} \tag{4-8}$$

在以上基础上，进一步假设，若企业在低负债融资结构水平且财务宽松的环境下去从事高风险战略所获得的收益超过行业平均收益的越多，企业越想从事高风险的战略决策，从而产出越多；同样，高风险战略下对企业资金流要求越高，低负债融资结构使企业资本约束较少，两者的良好互动关系可以保持下去。

用 $\dfrac{d\pi_1}{dt}$ 代表随着时间的推移，企业采用高风险战略时负债融资结构低的企业的超额收益的变化情况；$\dfrac{d\pi_2}{dt}$ 表示随着时间的推移，低负债融资结构支持低风险战略发展的超额收益的变化情况。根据以上假设，通过计算，可得出以下结论：

$$\frac{d\pi_1}{dt} = p_1(\pi_{11} - \bar{\pi}_1) = Lp_1(1-p_1) \tag{4-9}$$

$$\frac{d\pi_2}{dt} = p_2(\pi_{21} - \bar{\pi}_2) = cp_2(1-p_2) \tag{4-10}$$

因为公式（4-8）和公式（4-9）恒大于零，当 $\frac{d\pi_1}{dt} > \frac{d\pi_2}{dt}$ 时，即高风险战略企业采取低负债融资结构会取得较高收益。把 $\frac{d\pi_1}{dt} > \frac{d\pi_2}{dt}$ 化简得 $Lp_1^2 - Lp_1 + cp_2(1-p_2) < 0$，即满足三个条件：$L < c^2$、$0 < p_2 < \dfrac{1 - \sqrt{1 - \dfrac{\sqrt{L}}{c}}}{2}$、$\dfrac{1 - \sqrt{1 - \dfrac{4cp_2(1-p_2)}{\sqrt{L}}}}{2} < p_1 < \dfrac{1 + \sqrt{1 - \dfrac{4cp_2(1-p_2)}{\sqrt{L}}}}{2}$。

因此，只要高风险策略企业满足 $\frac{d\pi_1}{dt} > \frac{d\pi_2}{dt}$ 这个条件，即得到上述推导的结果，高风险策略的企业就可以采取低负债融资结构，从而从长期来看可以获取持久盈利。

三、债务融资结构对企业绩效影响的内在机制

（一）负债融资下的所有者与经营者博弈

本节聚焦于融资情境下融资结构的博弈分析。如前文所述，债务合同有推动经理人改进绩效的激励功效，进而实现两个对象目标一致性，但是过分集权使小股东的权益岌岌可危，债务清算约束机制并不会完全防备此类侵害。但是，如果大股东损害债权人的利益，债务融资结构也会产生相应集中的趋势，从而与过度集中在大股东手中的股权结构形成有效的制衡作用。具体内容如表4-2所示。

表 4-2　债务融资结构下所有者与经营者收益分析

		所有者		
		保持规模	适当扩张	过分扩张
经营者 （绩效）	改善	$-U$, M	$-U+\delta_1$, $M-\Delta_1$	$-U+\delta_2$, $M-\Delta_2$
	不改善	$-K_0$, 0	δ_1-K_1, $-\Delta_1$	δ_2-K_2, $-\Delta_2$

1. $K_2<U$ 的情况

在表 4-2 中，假定初始情况下，债务带给经营者的破产成本为 K_0，而且 $K_0<K_1<K_2$，如果绩效不改善，股权不变，通过债务融资对企业的投资运营提供金融支持，债务融资结构比例越高，债务约束越强。

如果股权相对比较集中，即 $K_2<U$ 时，存在 $-K_0>-U$，$\delta_1-K_1>-U+\delta_1$，$\delta_2-K_2>-U+\delta_2$。所以经营者仍然会选择不改善绩效的决策。最终分析的结果是，均衡产生于规模不变时的绩效不改善。

在其他情况下，如 $\delta_1-K_1>K_0$，经营者会倾向于采取"适当扩张"下经营绩效不改善的决策。在企业融资初期，一般情况下负债水平不太高，经营者在企业扩张战略中会得到较多的个人私利；反之，随着债务的增多其约束力增强，经营者扩张速度减慢，做出的选择反而对所有者是有利的。

2. $K_1<U<K_2$ 的情况

如果股权相对比较集中，存在 $-K_0>-U$，$\delta_1-K_1>-U+\delta_1$，$\delta_2-K_2<-U+\delta_2$。无论所有者选择规模不变还是适当扩张策略，都无法激励经营者改善绩效；如果所有者选取过分扩张策略，则可以调动经营者改善绩效的积极性。一般情况下，所有者会选择后者，从而达到如表 4-2 所示的均衡，即 $-U+\delta_2$，$M-\Delta_2$。

如果股权相对比较分散，一般情况下，$K_2-K_0<\delta$ 时，$\delta_2-K_2>\delta$，$\delta_2-K_2>-K_0$，经营者会选择过分扩张下的改善绩效，从而达到表 4-2 中的均衡，即 $-U+\delta_2$，$M-\Delta_2$；否则会选择适当扩张下的不改善绩效或者是规模不变下的不改善绩效。

3. $K_0<U<K_1$ 的情况

如果股权相对比较集中，存在 $-K_0>-U$，但是 $\delta_1-K_1<-U+\delta_1$，$\delta_2-K_2<-U+\delta_2$。

所有者不选取规模不变，经营者会选择改善绩效；如果所有者选取过分扩张策略，出现的结果是适当扩张下的改善绩效。

如果股权相对比较分散，存在$-K_0<-U+\delta_2$时，经营者通常选取过分扩张下的改善绩效，因为此时个人私利收益大于绩效改善的净效用损失；否则会选择规模不变下的不改善绩效。

4. $K_0>U$ 的情况

存在$-K_0<-U$，$\delta_1-K_1<-U+\delta_1$，$\delta_2-K_2<-U+\delta_2$，债务契约产生的约束作用较大，经营者选取改善绩效，通常所有者可以得到规模不变下的改善绩效结果。

在债务契约的约束情况下分析了上述四种情况，可以看出：第一种情形下过松的债务约束对经营者没有控制力，存在投资过度的问题；第四种情形下的债务约束过紧会产生投资不足的情况。

（二）股权融资结构下对企业绩效影响的内在机制

由于委托—代理理论中两权分离，实质上导致所有权内部结构作用于公司绩效。不同的利益相关主体之间，例如债权人和所有者、所有者和经营者等分别对公司价值产生不同的作用。具体效应如下所述：第一，鼓励效应。所有者实施监管，产生监管代价，付出成本。往往所有者持股比例不一样，在实施监管时，收益也不相同。从而使持股比例较低的小股东在衡量其付出的监管代价及其获取的收益时，会由于不经济而选择"免费搭乘"。如果股权相对分散，企业监督则相对较弱。因此，企业要选择恰当的股权内部结构，促进大股东实施有效的监控。第二，约束机制。在监督企业中个人的作用是微乎其微的，如果大股东对企业各方面的信息相对来说掌握得比较全面，那么在搜集、处理企业相关资料时会具有明显的优势。

企业经营者受到市场经理人的约束，如果其经营不善，企业所有者有权利将其替换掉，而外部资本市场也有可能被收购，股权结构会影响到这些行为。第一，替换经理人。在经营者损害股东权益的情况下，可能由于经营问题被替换，由于这样的约束，经营者为了保住地位通常努力工作。股权相对分散时，企业经理人反而不易被替换；但是股权集中时，经营者的经营不善会导致其被替换。第二，企业并购风险。企业经营不善，通常会被并购方盯住，一旦被并购，新入手的股东会将经营者替换，从而约束经理人。综上所述，如果企业股权相对分散，企业容易被并购；反之，如果股权相对集中，其往往难以被并购，因为大股东之间的利益比较趋于一致，从而积极应对和反并购。

Holmström 和 Tirole（2000）应用道德风险模型进行了分析。当项目投资成本为 C 时，风险中性的所有者是负有限责任的，个人可投入资金为 D，当 $D<C$ 时，企业需要融资金额为 $C-D$。如果假设 D 是所有者初始内部股权权益，外部投资者需要投入的资金是 $C-D$。

如果投资项目成功的概率为 P，而且产生收益为 R，R 是大于 0 的。企业家行为有努力或消极怠工（Tirole，2001）之分。在两种不同工作态度下，投资项目成功的概率分别为 P_S 和 P_L。在消极怠工的情况下，如果假设企业家有私人利益所得，即 B 是大于 0 的。具体内容如图 4-3 所示。

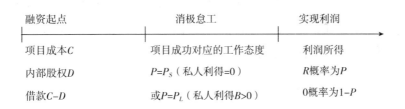

图 4-3　融资与利润

进一步分析可知，如果假设该投资项目值得投资，而且在公司治理内部激励效应下企业家有努力工作的态度，那么项目净现值是大于 0 的，也就是 $NPV>0$；那么得到 $P_S-C>0$。契约在制定时就提出当项目成功时，企业家有补偿所得 W。因此激励相容机制下，假设其努力工作所获得的收益大于其消极怠工的私人利益所得，具体为 $(P_S-P_L)W>B$。在资本市场是完全竞争的情况下，投资者期望利率是 0。所以，项目中投资者最好预期不小于初始投资，项目才可以筹措到资金。

表达式为：$P_S\left(R-\dfrac{B}{P_S-P_L}\right)\geq C-D$。

通过上述分析可以发现，在激励相容机制下，投资者预期的收益大于初始投资才会投资，所以企业融资的关键所在由此决定。而在现实市场中，有时 NPV>0 的项目仍筹措不到资金。所以这是预期收益太高了。综上分析可知，当企业自有资金 D 为 0 时，融资很难；而随着 D 的增加，融资可能性也增加。这就是所谓的内部股权作用。企业融资过程，尤其是从股权融资角度分析，企业家的积极工作态度，包括其声誉资本（Diamond，1991）也会增强融资能力，从而对投资而言取得资金支持，进而影响企业价值创造。

四、融资结构与创新驱动的博弈分析及对价值创造的影响

在前述理论基础上，发现融资结构界定的债务融资和股权融资对企业研发投资产生影响（Chrisman and Patel，2012），进而影响企业创新绩效。在前两部分相关作用机理模型的阐述启发下，本节以债务融资结构为例，应用博弈分析的方法分析其对研发投资的影响，并最终分析对企业创新绩效的影响。接下来的分析以高、低负债融资加以区分融资结构，并以高创新投入和低创新投入表示企业不同的战略。博弈分析详情如表 4-3 所示。

表 4-3　不对称收益博弈矩阵

创新战略 1		创新战略 2	融资结构	
			P_2	$1-P_2$
			低负债融资 b_{21}	高负债融资 b_{22}
研发创新战略	P_1	高创新投入 a_{11}	R	$R-C$
	$1-P_1$	低创新投入 a_{12}	$R-L$	$R-C-L$

从表 4-3 的结果中可以看出，在高创新投入的研发战略与低负债融资组成的情况下，企业创新绩效用字母 R 表示；同样地，在高创新投入的创新战略和高负债融资组成的情况下，即在高风险、高负债情况下，企业可能面临破产的风险，因此破产资金使用成本用字母 C 表示；在低创新投资战略和低负债融资结构下，

创新投入可能带来企业的收益丧失，用字母 L 表示；在低创新投入战略和高负债融资结构的情况下，负债比例较高，形成破产资金使用成本 C，低创新投入可能带来企业的收益丧失 L。因此，对比以上四种情况，创新绩效最高的是低负债融资结构下的高创新投资战略。

基于表 4-3，用概率表示上述的几种情况。假设高创新投资战略的概率是 P_a，则低创新投资战略的概率是 $1-P_a$；低负债融资结构的概率是 P_b，则高负债融资结构的概率是 $1-P_b$。两种不同创新投资战略的绩效平均值计算如下：

$$\pi_{11}=P_b R+(1-P_b)(R-C) \tag{4-11}$$

$$\pi_{12}=P_b(R-L)+(1-P_b)(R-C-L) \tag{4-12}$$

由公式（4-11）和公式（4-12），计算其平均绩效是：

$$\pi_1=Pa\,\pi_{11}+(1-P_a)\pi_{12} \tag{4-13}$$

同样，对于两种高低不同负债融资结构的绩效平均值计算如下：

$$\pi_{21}=P_a R+(1-P_a)(R-L) \tag{4-14}$$

$$\pi_{22}=P_a(R-c)+(1-P_a)(R-C-L) \tag{4-15}$$

计算得出其平均绩效为：

$$\pi_2=P_b\,\pi_{21}+(1-P_b)\pi_{22} \tag{4-16}$$

接着上面的分析，假设企业在低负债融资结构下，财务环境相对比较宽松，而企业在研发创新投入所取得的创新绩效比行业平均值高，那么，研发创新投资和创新绩效表现为正相关关系。因为，在低负债融资结构下，资金对企业形成的约束较小，研发投资需要更多的金融支持时会形成良好的互动局面。

随着时间的推移，高研发投资战略的企业采用的是低负债融资结构，获取了高于平均值的超额创新绩效，其数值用 $\dfrac{d\pi_1}{dt}$ 来表示；低研发投资战略的企业采用低负债融资结构的绩效，其数值用 $\dfrac{d\pi_2}{dt}$ 表示。在这些假设的基础上，得到以下的计算结果：

$$d\pi_1/dt=P_a(\pi_{11}-\pi_1)=LP_a(1-P_a) \tag{4-17}$$

$$d\pi_2/dt = P_b(\pi_{21}-\pi_2) = CP_b(1-P_b) \tag{4-18}$$

因为公式（4-17）和公式（4-18）恒大于 0，也就是说，$\dfrac{d\pi_1}{dt} > \dfrac{d\pi_2}{dt}$，即高研发投资创新战略的企业采用较低负债融资结构时拥有较高的创新绩效。

因为 $\dfrac{d\pi_1}{dt} > \dfrac{d\pi_2}{dt}$

所以 $LP_a^2 - LP_a + CP_b(1-P_b) < 0$

经过计算，得出需要满足以下三个条件：$L < C^2$；$0 < P_b < \dfrac{1 - \sqrt{1 - \sqrt{\dfrac{L}{C}}}}{2}$；

$\dfrac{1 - \sqrt{1 - \dfrac{4CP_b(1-P_b)}{\sqrt{L}}}}{2} < P_a < \dfrac{1 + \sqrt{1 - \dfrac{4CP_b(1-P_b)}{\sqrt{L}}}}{2}$。

如果高研发投资战略的企业达到上述三个式子要求的条件，那么当高研发投资战略的企业采用低负债融资结构时，会取得较高的创新绩效。由于企业研发创新投资具有高风险的特性，所以其创新绩效产出也有不确定性。通过如上的博弈分析可以得出，权衡上述模型中的变量 L、C、P_a、P_b 取值，确定最优融资结构，从而可以获取较理想的价值创造。

第五章　融资结构与企业价值创造的实证研究

本章是本书的实证研究内容，主要基于前述分析，围绕融资结构选择作用于企业价值创造的影响，探究不同融资方式形成的相应融资结构及其作用于企业价值创造的影响，设计相应假设，建构融资结构和企业价值创造总体概念模型。

第一节　影响机制分析构建

公司融资方式的不同选择形成相应的融资结构，对研发投资产生影响。各种资金融资渠道和方式形成不同的融资结构，其构成比例影响公司投资决策，筹集形成的资金配置于不同的投资方式，体现公司投融资效率。研发投资有效率地实施需要相应的不同融资结构所形成的金融支持对其创新活动的促进。EVA 考核会对企业融资结构产生影响（Mande et al.，2012；李昕潼、池国华，2018），融资结构的合理性可以达到资源的最优化配置，从而对促进企业的价值创造发挥积极的作用。总而言之，假如现有的融资结构无法较好地与企业研发投资活动进行匹配，甚至有可能会危害到企业研发活动的展开时，就需要选择恰当的融资方式来优化融资结构。

我国资本市场的快速发展为原来不是投融资主体的实体经济企业开拓了其投融资行为。银行信贷业务虽然打开了大门，企业通过贷款获取资金，但贷款融资是比较单一的融资方式，不利于其投资行为的扩大。通过发行股票和债券给企业融资注入了新的活力，企业的融资方式得到了新的发展。多元化的融资渠道也产生了相应的代理成本等问题，从而进一步影响企业的价值创造。

动态的融资方式抉择的静态结果表现为融资结构，相应融资方式受到所得税、信息非对称、委托—代理和破产清算成本等相关因素的作用，在风险与收成及成本衡量方面，融资结构影响企业价值创造。企业形成的不同融资结构都是希望金融支持对企业创新活动中的财务状况、经营成果等有所改善，从而提升企业价值创造。经过分析，笔者提出融资结构作用于企业价值创造的效应，融资结构与企业价值创造的分析框架如图5-1所示。

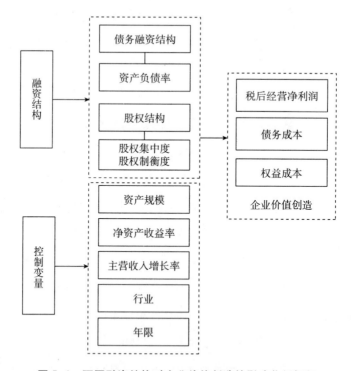

图5-1 不同融资结构对企业价值创造的影响分析框架

把融资成本作为研究的中间变量来设置，是由于企业形成的不同融资结构对应不同的融资成本。本节选择融资成本指标作为中间变量。经过分析，笔者提出融资结构作用于企业价值创造的效应，不同融资结构下形成的融资成本作用于企业价值创造的分析框架（见图5-2）。

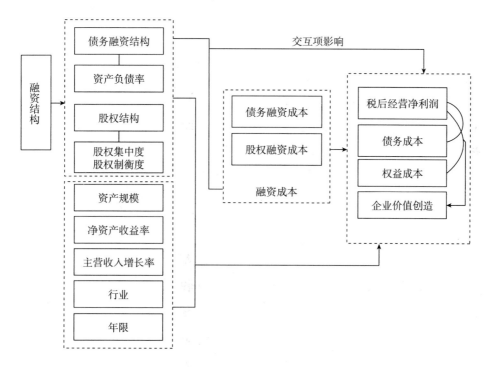

图5-2　不同融资结构下融资成本对企业价值创造的影响分析框架

从上述相关内容分析的基础上可以看出，企业价值创造的影响因素较多，建立融资结构作用于企业价值创造的概念体系方程可以为相应假设的提出奠定基础。融资结构对企业价值创造的影响机制如图5-3所示。

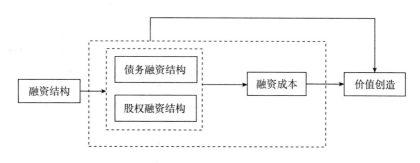

图5-3　融资结构对企业价值创造的影响机制

第二节 变量选取与理论假设

公司融资方式的选择形成对应的融资结构比例，本节聚焦于股权和债权融资方式作用于公司企业价值创造的效应。分别表现为财务杠杆、股权结构等变量产生的对企业价值创造的影响效应。

一、融资结构对融资成本的作用的变量选取与理论假设

有相关专家学者发现融资结构影响融资成本，即股权和债务融资结构的相关研究，以下内容研究企业融资结构与融资成本。融资成本的实质是资金使用者为资金所有者应付的报酬，其产生是由于资金所有权与使用权的分离。本节的融资成本类似于财务管理学中资本成本的概念。从投资者的角度来看，资本成本是指企业为取得资金使用权支付的代价，也是企业投资者（包括股东和债权人）所要求的最低报酬率，为了融通资金，企业必须按使用资金的风险特性向投资者给予投资回报。债务融资成本是指债权人针对企业未来的偿债能力和面临的风险水平所要求的最低资本报酬率，也即企业支付给债权资金所有者的利息等相关成本。债务融资成本广泛地应用于企业投资与筹资决策、融资结构决策等重要的企业的经营管理活动中；股权融资成本是指投资者提供权益资本针对公司未来的营利能力和面临的风险水平所要求的最低资本报酬率，也即企业从资本市场吸收股票资本金需支付给投资者的股利等相关成本。

在不考虑所得税的情况下，加权平均资本成本就是以债务和股权分别在企业全部资金中的比重与各自的必要收益率相乘后的和。用公式表示为：$R^* = R_d \times [D/(D+E)] + R_e \times [E/(D+E)]$，其中，$R^*$ 代表加权平均资本成本；R_d 和 R_e 分别代表债券利率和股票收益；D 和 E 分别代表企业中负债资金数额和股权资金额；权重 $D/(D+E)$ 和 $E/(D+E)$ 分别代表企业资本总额中负债资本和权益资本的比

例，即企业的融资结构。可见，企业的融资成本不仅与投资者必要收益率有紧密联系，还与企业的融资结构相关。因此，变量选取中以融资成本作为因变量，其他变量主要有融资结构（包括债务和股权两个方面）、财务绩效、公司规模、上市年限和行业特征等。

（一）变量选取

1. 自变量

（1）债务融资结构。资产负债率作为主要计量变量。债务融资涉及定期偿还本息，限定长期性项目投资并降低其再融资能力，影响其潜在价值（Le and O'Brien，2010；Mande et al.，2012）。以资产负债率 LEV 作为样本公司自变量。

（2）股权融资结构，国有与非国有为基础，作为自变量之一，采用虚拟变量表示，第一大股东最终控制权是国有控制，用1来表示，否则用0表示。

2. 因变量

融资成本。用加权平均资本成本表示，R^* 代表加权平均资本成本，用公式表示为：$R^* = R_d \times [D/(D+E)] + R_e \times [E/(D+E)]$。

3. 控制变量

（1）债务融资水平。用虚拟变量 D 表示该变量，按资产负债率高低排序，超过中位数的负债较高（含中位数），取值为1；否则为0。

（2）股权性质。以国有股与非国有股为基础，作为自变量之一，用虚拟变量 S 表示该变量。第一大股东最终控制权是国有控制，用1来表示，否则用0表示。

（3）公司规模。用 $SIZE$ 表示该变量，企业规模越大，企业抗风险能力越强，可以把风险分散，用总资产自然对数表示。

（4）企业成长性。（本期主营业务收入－上期主营业务收入）÷上期主营业务收入，用 GR 表示该变量。

（5）财务绩效。研究者发现公司的成长性越好，公司绩效能力越强，本节采用 ROE 表示财务绩效（Le and O'Brien，2010）。

（6）企业上市年龄。年度的虚拟变量，本书涉及 2019~2021 年共 3 年的数据，因此共设置 2 个虚拟变量；上市年滞后一期 j 取值为 1，其余为 0。用 $YEARj$

表示该变量。

（二）理论假设

已有研究表明，融资结构中债务与股权比例影响融资成本。上市公司规模越大，增长能力越强，市场风险越低，则权益投资者在进行投资决策时会要求更高的资本报酬率，从而使股权融资成本增大。以债务融资的税盾效应来抵消企业的加权平均资金成本，合理设计股权融资与债务融资比例，促进企业加权平均资金的逐步缩小。就融资结构和融资两者关系，笔者做出如下假设：

H1：企业资产负债率与融资成本成反比，即企业负债较多时，通常企业融资成本较低，税盾效应来抵消企业的加权平均资金成本。

二、融资结构对企业价值创造的作用的变量选取与理论假设

相关专家得出债务融资结构与公司企业价值创造是负相关关系（曹廷求等，2004；杨华荣等，2007；曾祥飞、季小明，2013；孙宋芝，2015）。也有学者得出不同的结论，认为债务融资对于市场而言能够释放利好信息，有助于企业提高产品的竞争优势，从而有助于促进企业价值创造（晏艳阳，2002；Michaelas et al.，1999；Park and Jang，2013；Aghion et al.，2013；李国柱等，2009；贺京同、高林，2012；谈多娇等，2010）。有些学者指出，股权越集中越能够对经理人实施有效的监管，从而降低代理成本，提高企业价值创造（Kastl et al.，2013）。张西征（2013）提出所有权性质对公司研发投资产生重要的作用。也有相关学者认为股权集中虽然降低了代理成本，但是过于集权则过分约束经营者，不利于风险分担和专业化的决策，并且不利于促进企业创新投资与产出（Ortega-Argilés et al.，2005；Wang and Shailer，2015）。

（一）变量选取

越倾向于股权融资结构，委托—代理矛盾越发突出，因此企业价值创造越低。两权分离引起信息不对称，导致委托—代理矛盾，不利于企业与创新相关的研发投资决策。经营管理者出于晋升等仕途的考虑，在任期内会关注企业短期盈利，并不完全与股东利益相一致（吴延兵，2012）。

企业股权融资偏好结构中，所有者往往控制企业程度强烈，创新投资往往更能体现其意愿，创新投资受约束程度不强，而经营管理者作为执行者对研发投资没有更多的发言权。企业所有权控制越强，创新投资对企业而言软预算约束越小，经营者无暇关注研发投资数额，因此管控也相对懈怠。相关学者提出，公司第一大股东的持股份额作用于公司绩效，其份额越大，公司集权程度越高，大股东存在以内部的交易事项实现其私利的行为。公司控股股东从事关联方活动，以达到取得公司控制权的私人利益所得（佟岩、王化成，2007）。控股股东持股份额相对较高时，其剩余索取权也较高，其满足私人利益所得，必然会给公司带来损失。有学者提出第一大股东持股份额越高，越有能力以权谋私，获取的收益和其持股份额并不匹配（唐宗明、蒋位，2002）。控股股东受到其他中小股东的牵制，则可以适当地遏制内部交易，制衡力越大，关联方交易越少。除第一大股东之外的中小股东持股份额多少和控股股东关联交易负相关（周方召等，2011；宋力、丛秀燕，2011）。融资成本与企业价值创造能力之间存在显著负相关关系（张慧霞，2020）。高新技术企业无形资产债务融资能力来源于技术类无形资产的价值创造能力（徐畅、呼建光，2022）。

1. 自变量

（1）债务融资结构。资产负债率作为重要的衡量变量。企业负债融资结构对其创新研发投入有显著的影响。由于债务融资的契约约束，要定期偿还本息，因此对长期性项目投资有限定性，也会降低其再融资能力，通常会追求潜在价值的投资项目获取盈利。有研究者发现债务融资与企业研发投资密切相关（Ortega-Argilés et al.，2005；Mande et al.，2012）。本节以样本公司历年资产负债率作为自变量。银行是我国国企最主要的债权人，在一定程度上国企债务融资结构与政府支持相关，可以直接或间接反映政府相关投资意向及政策支持等。国企经营管理者对长期债务并无很大的偿付压力，通常其长期债务的担保人就是政府，因此，一般情况下，其无力偿付的债务，政府会出面援助；与之不同的是，对短期债务而言，企业往往会出于声誉的维护等原因提高其管理效率（Le and O'Brien，2010）。融资结构政策显著降低了小微企业营业成本和利息支出，但对营业收入和营业利润影响并不明显（田建强、徐枫，2021）。

（2）股权融资结构，表现为不同属性所有权结构、所有者持股份额以及彼此之间的关系等。股权集中度是所有权集中程度的量化，描述公司所有权分布状况以及相应稳定程度。本节各采用第一大股东持股份额作为变量，持股份额越多说明股权集权化程度越高。所有权制衡也被表述为所有权控制度，较高持股份额的股东彼此享有权利，并形成相互监管和约束的局面。所有权制衡应用第二到第十大股东持股份额之和除以第一大股东持股份额的比值表示。

股权融资结构中的重要组成部分是股权类型，已有的研究从家庭股权、机构股权、国家股及外资股进行了分析，也有研究进一步把股权类型延伸到员工股和高管股（Bridoux and Stoelhorst，2014）。本节主要以国有股为基础进行股权类型的划分，参照吴延兵（2012）的做法，进行了股权分类。将样本企业分为国有企业和非国有企业两种股权类型，以其作为自变量之一。为了分析股权结构和安排对公司企业价值创造的影响，借鉴 Tihanyi 等（2003）的相关做法，虚拟变量表示企业产权性质，即第一大股东如果最终控制权是国有控制，用 1 来表示，0 表示非国有控股企业。李丹蒙和夏立军（2008）也采用了虚拟变量表示其股权类型。

2. 因变量

企业价值创造。企业价值创造反映公司价值创造能力，表现为经济增加值，从税后净营业利润中扣除包括股权和债务的全部投入资本成本后的所得。其核心是资本投入是有成本的，企业的盈利只有高于其资本成本（包括股权成本和债务成本）时才会为股东创造价值。公司每年创造的经济增加值等于税后净营业利润与全部资本成本之间的差额。其中，资本成本包括债务资本的成本和股本资本的成本。EVA（Economic Value Added）是经济增加值的英文缩写。EVA 是一种评价企业经营者有效使用资本和为股东创造价值能力，体现企业最终经营目标的经营业绩考核工具。Stewart（1994）等认为 EVA 是以价值为基础并能够对公司战略、经营绩效及内部激励机制设计等进行评价的企业绩效综合评价指标。经济增加值观念源于管理会计的"剩余收益"（RI），并非新鲜事物。经济增加值观念最初只在美国一些大公司使用，直到 20 世纪 80 年代之后，随着整个社会从工业经济社会发展进入金融社会，在美国思腾思特（Stern Stewart）公司的大力提倡下，经济增加值观念从理论走向实践，并成为"当今最热门的财务观念"（胡玉明，2021）。一家企业是否真正在创造价值，人们很难单从利润指标进行准确判断，但引入了经济增加值后就会一目了然。因此，采用这一指标还促使企业的行为发生转变，引导树立资本成本观念，抑制过度投资，降低资本占用，注重资本运用效率。EVA 可以更准确地对企业绩效进行衡量，并且不同行业的债权融资和股权融资对 EVA 都产生了影响（韩光强、王迪，2017）。

关于公司价值创造能力，相关学者用托宾 Q 值表示（阮素梅等，2015）。由于会计指标是事后评价指标且容易被粉饰，随着中国股票市场有效性的提高，托宾 Q 值能够较好地反映资本市场对公司长期经营效率的预期，能够较好地反映上市公司的价值创造能力。在具体量化衡量中，其值越大，反映公司价值创造能力较强。

本节因变量选择的是经济附加值，表述为公司税后净经营利润与其债务和权益成本的差额。当企业的税后净营业利润超过资本成本时，EVA 大于零，表明企业的经营收入在扣除所有的成本和费用后仍然有剩余，由于这部分剩余收入归股东所有，股东价值增大；反之，EVA 小于零，表明企业经营所得不足以弥补包括股权资本成本在内的成本和费用，因此股东价值降低。

3. 控制变量

以下变量对企业创新活动中的研发投资有着重要影响作用，进而影响企业价值创造。

债务融资水平。本节以债务融资水平来界定其与创业创新活动的关系。其中，以虚拟变量来衡量负债水平，对样本公司的资产负债率按照从小到大排序，以其中位数作为划分高负债和低负债水平的依据。在中位数以上的为负债水平较高的公司（含中位数），共计 589 家企业，取值为 1；余下的为负债水平较低的公司，共计 588 家企业，取值为 0。有学者指出企业研发受到企业规模的影响，规模越大，企业抗风险能力越强，从而可以把风险分散（Pischke，2001）；企业扩张规模会影响其研发倾向和研发能力等创新活动（金玲娣、陈国宏，2001）。

朱有为和徐康宁（2006）也指出大规模企业可以在研发方面投入更多，其研发效率更高。也有学者发现两者是负相关关系，指出研发与规模呈先增后减的曲线变化关系（柴俊武、万迪昉，2003）。孙晓华和王昀（2014）应用夏普利值对不同类型行业进行分析，发现企业规模是重要的影响因素，其相对生产率差异的贡献率在90%以上。虽然结论不尽相同，但均发现了两者彼此的关联。在已有文献中，较多应用公司规模这个控制变量分析它所产生的影响（王良举、陈甬军，2013）。本节以总资产的自然对数作为衡量企业规模大小的变量。

本节采用 ROE 表示财务绩效（Le and O'Brien，2010；王任飞，2005）。研究者发现公司的成长性越好，公司绩效能力越强。本节的样本公司是创业板上市公司，其具有高成长性的显著特点，将公司成长性作为重要的控制变量，用主营业务收入增长率表示企业的成长性。

融资成本和企业债务水平的乘积项 $R^* \times D$ 考察企业融资结构高低水平不同的情况下，通过融资成本的作用对企业价值创造的交互影响。

本节涉及 2019~2021 年的样本公司数据，因此共设置 2 个虚拟变量来控制其相对于宏观经济环境的影响。

相关控制变量具体内容如表 5-1 所示。

表 5-1　变量定义

变量	名称	代码简称	表达式
因变量	融资成本	R^*	加权平均资本成本
	企业价值创造	EVA	税后净经营利润与其债务和权益成本的差额
自变量	资产负债率	DR	负债总额/资产总额
	股权集中度	SC	第一大股东持股比例
	股权制衡度	SR	第二至第十大股东持股比例之和/第一大股东持股比例
控制变量	债务融资水平	D	虚拟变量：以中位数区分高低债务水平；高负债水平取值1，低负债水平取值0
	股权性质	S	虚拟变量：国有企业取值1，非国有企业取值0
	公司规模	SIZE	总资产的自然对数
	企业成长性	GR	（本期主营业务收入−上期主营业务收入）/上期主营业务收入

续表

变量	名称	代码简称	表达式
	财务绩效	ROE	净资产收益率
控制变量	交互项	$R^* \times D$	债务融资水平下融资成本
	企业上市年龄	$YEAR_j$	年度的虚拟变量，涉及 2019~2021 年共 3 年的数据，因此共设置 2 个虚拟变量；上市年滞后一期 j 取值为 1，其余为 0

（二）理论假设

专家学者对于这种影响关系虽然不尽相同，但是在前述概念框架模型构建的基础上，结合我国的现实经济，债务契约标准化对于实现相机控制是一种自然的方式，也就是说，债务契约本质上对控制权发挥有效配置作用。结合以上内容的分析，笔者提出如下假设：

H2：债务融资结构对公司企业价值创造具有正向影响。

H3：股权集中度对公司企业价值创造具有负向影响。

H4：股权制衡度对公司企业价值创造具有正向影响。

债务融资结构由于财务契约的限制，可以约束经营者，并且缓解委托—代理矛盾，促进企业的融资成本效率。期限较短的流动债务，债权人要求资金的尽快回笼，对企业经营者实施监管。经营者在任期内由于维护自身声誉等，会积极偿还债务本息，同时会在原有经营活动的基础上进一步提升企业价值创造。

基于上述机理探究，有关融资结构作用于公司企业价值创造的模型框架见图5-4，负债融资和股权融资结构都对公司企业价值创造产生影响作用。

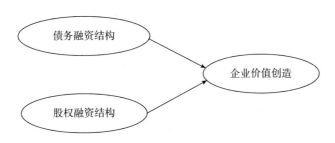

图5-4　融资结构对企业价值创造的影响模型框架

推导论证得出的两个概念模型及其相应的假设分别汇总如表 5-2 和图 5-5 所示。

表 5-2　融资结构与企业价值创造关系的理论假设汇总

假设	内容
概念模型	融资结构与融资成本
H1	企业资产负债率与融资成本成正比
概念模型	融资结构与企业价值创造
H2	债务融资结构对公司企业价值创造具有正向影响
H3	股权集中度对公司企业价值创造具有负向影响
H4	股权制衡度对公司企业价值创造具有正向影响

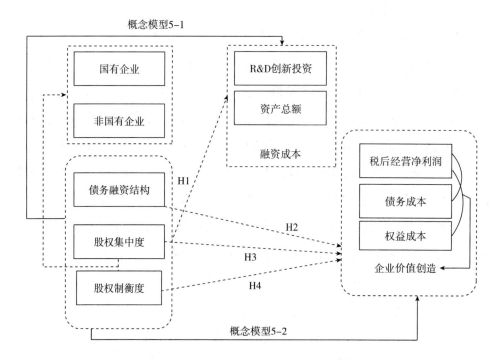

图 5-5　融资结构对企业价值创造影响的研究假设模型

第三节　实证模型设计

随着资本市场的不断发展，要使企业实体对国民经济的重要作用得到全面发挥，就必须提高其财务绩效（EVA），从而提升企业价值。自 Hall 和 Mairesse（2006）提出 CDM 模型到现在，研究者已把企业融资结构与成本等结合模型进行了广泛应用。近年来，有些研究者在模型中引入了所有权类型，探索其对融资成本的作用。张斌和陈岩（2014）引入所有权结构，分析其与创新和绩效的关系，其中所有权的集中以及相应董事对企业绩效产生影响。他在研究中假设了分散的所有权形式导致的委托—代理矛盾会影响管理者的决策。但是笔者认为虽然相关研究者认为委托—代理矛盾影响企业价值创造，但对研发投资的影响作用包括程度大小并不明朗。因为，研发投资往往在于融资环节，由投资人作出决策，具体实施由经营管理者负责。所以经营者对研发投资的影响作用并不关键，但是在具体实施研发投资战略的过程中，经营者却发挥着重要的作用，也就是会影响到创新研发的效率产出以及企业价值创造。

这样，本节引入融资结构这个维度，从债务融资比例和股权融资比例研究其对公司融资成本的作用，进一步探究对公司企业价值创造的影响。在 CDM 模型的基础上，构建了如下模型：

$$R^* = \alpha_0 + \alpha_1 DR + \alpha_2 SC + \alpha_3 SR + \alpha_4 D + \alpha_5 S + \alpha_6 GR + \alpha_7 SIZE + \alpha_8 ROE +$$

$$\alpha_{j+8} \sum_{j=1}^{4} YEAR + \alpha_{i+12} \sum_{i=1}^{7} IND + \varepsilon \tag{5-1}$$

$$EVA = \alpha_0 + \alpha_1 DR + \alpha_2 SC + \alpha_3 SR + \alpha_4 R^* + \alpha_5 R^* \times D + \alpha_6 GR + \alpha_7 SIZE +$$

$$\alpha_8 ROE + \alpha_{j+8} \sum_{j=1}^{4} YEAR + \alpha_{i+12} \sum_{i=1}^{7} IND + \varepsilon \tag{5-2}$$

其中，融资成本和企业价值创造分别是因变量；ε 是随机误差项。模型（5-1）中的变量包括企业融资成本、资产负债率、股权集中度指标、股权制衡度指标、公司债务水平、公司性质、公司规模、企业绩效和企业年龄。模型（5-2）中的因变量是经济附加值 *EVA*，结合理论分析，并且综合以上模型方程可以得出融资结构影响企业融资成本，进而影响企业价值创造。

第四节　实证检验与结果分析

基于上述相关模型，本节以河南省上市公司作为样本数据，对其展开统计性描述并进行了回归分析，总结出了样本公司融资结构与企业价值创造的总体情况和特征，验证了融资结构对企业价值创造的影响假设。

样本数据资料主要来源于巨潮资讯网，包括其中发布的上市公司年度报告、公告说明、财务数据摘要，根据这些资料，笔者经过较长时期手工整理分析，形成系统的研究样本资料；并进一步参照 Wind 资讯、国泰安数据库（CSMAR）、深圳证券交易所、《中国创业风险投资发展报告》等资料，经过笔者手工搜索、筛选、整合，形成了主要样本数据来源。

笔者选取河南省 2019~2021 年 107 家上市公司的融资结构相关财务数据进行统计分析，3 年共计 617 组数据。融资结构中主要包括权益性融资和债务性融资两个方面。权益性融资主要指股票融资，债务性融资主要包括银行贷款和发行债券。数据来源于 RESSET 金融研究数据库、国泰安数据库等相关电子资源数据库。整理并统计计算得出，剔除金融业上市公司（郑州银行与中原证券），主要涵盖农林牧渔业、采矿业、制造业、批发和零售业、修理业等行业，运用 SPSS 22 软件进行相应的描述性统计分析。

一、统计结果

（一）描述性统计

利用 SPSS 22 统计软件对数据进行分析处理，求出 2019~2021 三个年份样本企业资产负债率、流动负债比率、非流动负债率以及留存收益比率，分别列出其最小值、最大值和平均值，如表5-3所示。

表5-3 融资结构分析

	最小值	最大值	平均值
资产负债率	0.018	0.93	0.4283
流动负债比率	0.202	1.00	0.3708
非流动负债比率	0.00	0.79	0.1708
留存收益比率	-2.76	0.67	0.1291

首先，分析资产负债率，样本企业的资产负债率为42.83%，说明股东权益比率（股东权益比率=1-资产负债率）偏高，较低的负债比率说明未能有效利用"财务杠杆"来提高自身的盈利水平，在举债方面还有一定的上升空间。

其次，从负债内部结构分析，一般认为流动负债占总负债的一半比较合理，但从表中可以很直观地看出，河南省上市公司的流动负债比率高于非流动负债的水平。间接说明，企业的资金周转紧张，只好用大量的流动负债来缓解，所以未来将会面临较高的信用风险和流动性风险。

最后，从留存收益总资产比的角度分析，进行低成本、无风险的内源融资比例相对较低。企业逐渐积累更多的盈余公积和未分配利润。

具体分析为：三年资产负债率的最大值是93%，最小值为1.78%，说明样本企业的债务融资差距还是很大的，均值为42.83%，表明河南省实体经济企业的金融支持还有较大的空间；财务绩效 ROE 的最大值是30.84%，最小值是-506.12%，说明样本企业的财务绩效差距很大，均值为6.36%，河南省实体经济企业的财务绩效参差不齐；公司规模 SIZE 的最大值是23.15，最小值是19.54，均值为20.93，河南省实体经济企业的资产规模公司之间有差别，各个变量都会影响到企业财务绩效，影响价值创造。资产负债率 DR 均值为6.59%，最大值为95.23%，最小值为0.01%。可以看出，样本公司的 DR 水平仍然不高，负债水平也是参差不齐。公司股权集中度 SC，即第一大股东持股比例均值为34.9106，达到公司股权总比例超过 1/3，说明样本公司股权相对比较集中，但是从最小值3.8200 和 69.7658 来看，公司之间仍存在明显差异。从股权制衡度 SR 的统计结果来看，均值为 1.1833，这说明第二大至第十大股东持股总和与第一大股东持股数之比大于 1，也就是说，股东之间具有一定的制衡力（见表5-4）。

表 5-4　描述性统计分析

变量	最小值	最大值	均值	标准差
EVA	−1208921	936502106	−16500	162231.21
R^*	0.0000	0.1485	0.0266	0.0198
DR	0.0001	0.9523	0.0659	0.1269
SC	3.8200	69.7658	34.9106	12.7324
SR	0.0400	5.42	1.1833	0.90890
$SIZE$	19.5400	23.1500	20.9343	0.6025
ROE	−5.0612	0.3084	0.0636	0.1651
GR	−8.3593	9.7726	0.3840	0.8167
有效的 N（列表状态）	617			

（二）相关性分析

相关分析是衡量变量之间密切程度的双变量相关分析方法，模型变量间的相关系数如表5-5所示。

表 5-5　Pearson 相关性分析

	R^*	EVA	DR	SC	SR	S	GR	$SIZE$	ROE	$YEAR1$	$YEAR2$
R^*	1										
EVA	−0	1									
DR	−0.169**	0.089**	1								
SC	−0.146**	−0.003	−0.01	1							
SR	0.092**	0.06	−0.062*	−0.801**	1						

	R^*	EVA	DR	SC	SR	S	GR	SIZE	ROE	YEAR1	YEAR2
D	-0.116**	0.080*	0.790**	-0	-0.05						
S	-0.08	-0.03	0.016	0.043	-0.071*	1					
GR	0.136**	-0.02	0.031	-0.122**	0.05	0.102**	1				
SIZE	-0.16**	0.089**	0.415**	-0.079**	0.060*	0.054	0.101**	1			
ROE	0.039*	0.013	-0.143**	0.042	0.004	0.005	0.053	0.031	1		
YEAR1	-0.05	-0.072*	-0.077**	-0.04	0.065*	0.016	-0.03	-0.101**	0.028	1	
YEAR2	-0.078**	-0.123**	-0.170**	0.019	0.045	0.042	-0.04	-0.065*	0.025	-0.069*	1

注：**表示在 0.01 水平（双侧）上显著相关，*表示在 0.05 水平（双侧）上显著相关。

从表 5-5 的变量相关系数矩阵来看，企业的资产负债率与价值创造相关系数为 0.089，且在 0.01 水平（双侧）上显著相关，说明企业资产负债率与价值创造显著正相关，企业资产负债率越高，价值创造越高，企业的股权集中度与价值创造相关系数为-0.003，呈现微弱的负相关关系，企业的股权制衡度与价值创造相关系数为 0.06，呈现微弱的正相关关系，债务融资水平与价值创造相关系数为 0.080，且在 0.05 水平（双侧）上显著相关，说明企业债务融资水平与价值创造显著正相关，在企业高债务融资水平下，倾向于 EVA 经济附加值较高；企业股权性质（国有）和价值创造相关系数为-0.03，说明国有股权性质与创新绩效负相关；企业的公司规模与价值创造相关系数为 0.089（在 0.01 水平（双侧）上显著相关），两者显著正相关，说明企业规模越大，其 EVA 经济附加值越高；企业的财务绩效（净资产收益率）与价值创造相关系数为 0.013；企业成长性与价值创造相关系数为-0.02；企业的样本所在年份与价值创造相关系数分别为-0.072、-0.123，随着所在年份的推移，企业上市年限也越长，说明上市年限与价值创造相关。

企业的资产负债率与融资成本相关系数为-0.169，且在 0.01 水平（双侧）上显著相关，说明企业资产负债率与融资成本显著负相关，企业资产负债率越高，越倾向于较弱的融资成本；企业的股权集中度与融资成本相关系数为-0.146，且在 0.01 水平（双侧）上显著相关；企业的股权制衡度与融资成本相关系数为 0.092，且在 0.01 水平（双侧）上显著相关；债务融资水平与融资成本相关系数为 -0.116，且在 0.01 水平（双侧）上显著相关，说明企业债务融资水平与融资成本显著负相关，在企业高债务融资水平下，倾向于较低的融资成本；企业股权性质（国有）和融资成本相关系数为 -0.08，说明国有股权性质与融资成本负相关；企业的公司规模与融资成本相关系数为 -0.16（在 0.01 水平（双侧）上显著相关），两者显著负相关，说明企业规模越大，融资成本越低；企业的财务绩效（净资产收益率）与融资成本相关系数为 0.039（在 0.05 水平（双侧）上显著相关）；企业成长性与融资成本相关系数为 0.136，且在 0.01 水平（双侧）上显著相关，其对融资成本的影响呈正相关关系，说明公司主营业务收入增长越快越倾向于采取较高的融资成本的融资结构。

模型 5-2 变量间交互项与价值创造相关性关系如表 5-6 所示。

表 5-6　变量相关性分析

		价值创造	交互项
价值创造	Pearson 相关性	1	
交互项	Pearson 相关性	-0.156	1

从表 5-6 的变量相关系数矩阵来看，企业的债务融资水平（负债水平）与融资成本乘积的交互项与价值创造相关系数为 -0.156，说明交互项与价值创造呈现负相关关系，在企业高负债水平下，倾向于高融资成本，从而影响价值创造。

（三）模型回归结果

基于表 5-5 的相关性分析，接着应用进入回归方法把各个变量对因变量的影响进行回归分析。在前文有关理论和模型基础之上，首先进行融资结构对融资成本的直接影响效果回归分析，其次进行融资结构对价值创造的影响效果回归分析。

1. 融资结构对融资成本的回归分析

回归结果见表 5-7。

表5-7 模型5-1系数分析

变量	估计系数	t值*	Sig.
常量	4.846	−1.683*	0.093
DR	−0.087	−1.121	0.232
SC	−0.560	−1.513	0.136
SR	5.667	−1.957*	0.061
GR	−2.671	−1.231	0.266
SIZE	7.622	2.321**	0.021
ROE	8.728	0.952	0.331
年限	控制		
调整后的 R^2	0.019		
F 值	3.436*** （Sig.002）		
样本量	617		

注：因变量：融资成本；*、**、***分别表示在10%、5%、1%水平下显著。

从表5-7对模型5-1的分析中，得出了融资结构对融资成本影响的回归结果。资产负债率与融资成本的回归系数为−0.087，验证了债务融资对于融资成本的影响，鉴于债务融资的税盾效应等，债务性资金的利息费用在税前列支，一般可以抵扣。高负债融资水平对企业创新绩效具有积极的促进作用（Ortega-Argilés et al.，2005；李宝宝、黄寿昌，2012）。金融的发展有利于促进金融市场的结构优化，降低企业的债务融资成本（肖忠意等，2022）。H1得到支持。

资产规模与融资成本的回归系数为7.622，且在5%水平下显著，两者呈现正相关关系，说明企业的规模在一定程度上可以促进企业增加融资。净资产收益率与融资成本的回归系数为8.728，两者呈现正相关关系，说明企业的净资产收益率越高，发展前景越被看好，企业融资就越多，融资成本就越高。

表5-8中对自变量的共线性统计量VIF值进行了分析，发现取值较小，说明变量间不存在严重的共线性问题。

表 5-8　自变量的 VIF 值

变量	共线性统计量 VIF
DR	1.232
SC	2.552
SR	2.712
GR	1.012
SIZE	1.203
ROE	1.012

2. 融资结构对公司价值创造的回归分析

回归结果见表 5-9。

表 5-9　模型 5-2 系数分析

变量	估计系数	t 值	Sig.
（常量）	−106.21	−1.551*	0.089
DR	18.312	1.723*	0.082
SC	−0.451	−1.312	0.157
SR	5.332	−1.521*	0.057
GR	−2.412	−1.098	0.253
SIZE	7.661	2.203**	0.019
ROE	9.391	0.932	0.352
R^*	0.209	0.002*	0.086
$R^* \times D$	0.023	0.301	0.768
年限	控制		
调整后的 R^2	0.017		
F 值	2.765*** （Sig.003）		
样本量	617		

注：因变量：经济附加值 EVA；＊、＊＊、＊＊＊分别表示在 10%、5%、1% 水平下显著。

从表 5-9 对模型 5-2 的分析中得出了融资结构对价值创造影响的回归结果。资产负债率与经济附加值的回归系数为 18.312，且在 10% 水平下显著，H2 得到支持。

说明两者之间呈显著正相关关系，债务融资对企业价值创造具有积极的促进作用。股权集中度与价值创造的回归系数为-0.451，说明股权集中度越高，企业价值创造越低，H3 得到支持。公司资产规模与价值创造的回归系数为 7.661，在 5%水平上两者呈现显著正相关关系，说明企业的规模在一定程度上可以促进企业价值创造。净资产收益率与创新绩效的回归系数为 9.391，两者呈现正相关关系，说明企业的净资产收益率越高，越具有发展前景，企业价值创造的能力越高。股权制衡度与价值创造的回归系数为 5.332，说明股权制衡度越高，企业价值创造的能力越高，H4 得到支持。企业成长性与价值创造的回归系数为-2.412，两者呈现负相关关系，说明不能一味地以增加收入来促进企业价值创造，要保持企业可持续性稳定发展。

表 5-10 中对自变量的共线性统计量 VIF 值进行了分析，发现取值较小，说明变量间不存在严重的共线性问题。

表 5-10　自变量的 VIF 值

变量	共线性统计量 VIF
DR	1.126
SC	2.553
SR	2.712
GR	1.001
SIZE	1.211
ROE	1.033
R^*	1.511
$R^* \times D$	0.098

二、研究结论

本章我们以河南上市公司数据为统计来源，验证了筹集资金比例结构对公司价值创造的影响。得出了以下主要结论：第一，债务融资比例越高，越可以有效执行对经营者的监督，越利于企业价值创造；第二，股权越集中，越不利于公司价值创造；第三，股权制衡度与价值创造正相关；第四，资产负债率与融资成本负相关。本章结论支持原假设，具体见表5-11。

表5-11　研究假设结论汇总

假设	假设内容	结论
H1	企业资产负债率与融资成本成正比	支持
H2	债务融资结构对公司企业价值创造具有正向影响	支持
H3	股权集中度对公司企业价值创造具有负向影响	支持
H4	股权制衡度对公司企业价值创造具有正向影响	支持

融资结构对融资成本的影响作用在一定程度上启示企业可以通过调整优化融资战略，积极拓展融资渠道，吸引长期稳定的投资者，降低融资成本，提升企业价值创造的能力。在促进企业价值创造的同时，企业要结合融资策略，加强公司治理以缓解委托—代理矛盾。

河南实体经济企业融资行为中应顺应资本市场尤其是股票市场的初衷，积极拓展新的融资渠道，建立现代企业制度，提高资金使用效率和企业的经营管理水平。要重视转机建制，金融助力河南实体经济发展，更好地发挥资本服务实体经济的优势，深度融入国家发展战略新策，对促进河南省战略性新兴产业快速发展意义重大。综上所述，结合河南省的具体情况，以及相关学者对我国上市公司实证研究的结果分析，河南实体经济企业的主要表现为不能合理利用财务杠杆、有强烈的权益融资偏好、国有股股东身份不明确等。这些问题的存在，一方面使企业避税价值降低，另一方面又增加了代理成本与财务危机成本，从而使企业价值降低。究其根源，我国的一些制度实施是原因之一，且企业自身也有待于进一步发展提高。

成本最低的筹资未必是企业的最佳筹资决策，由于财务拮据成本和代理成本的作用和影响，过度负债会抵消节税增加的收益，这是由于随着负债比重的增加，企业的利息费用同时增加，企业丧失偿债能力的可能性逐渐加大，企业的财务风险也相应加大。由于财务风险的加大，投资者和债权人都会要求获得相应的补偿，要求提高资金报酬率，从而使企业综合资本成本大大提高，导致融资结构的恶化。如果企业的资金全部来源于股东，则股本收益率（收益/自有资本）等于企业投资收益率（收益/全部资本），企业经营风险全部由普通股股东承担，此时，股本风险就等于经营风险。如果企业所需资金一部分来源于股东的资本，另一部分是来源于债权人的长期债务资本，则负债的存在带来了财务杠杆收益（财务杠杆收益是企业运用负债带来的股东报酬的扩张），普通股股东可能获得比企业投资收益率更高的收益，同时也将承担更高的风险。一种情况是，普通股股东将获得额外的由债权人不愿承担风险而放弃的一部分收益（即财务杠杆收益）；另一种情况是，普通股股东将承担额外的由债权人所推卸的那部分经营风险。由于这部分风险是因为企业筹集了债务资金而附加给普通股股东的，故称之为财务风险。可见企业优化融资结构，要考虑经营风险、股本风险以及财务风险。

第五节　基于 VAR 双变量模型的分析

　　本节的分析主要基于 VAR 双变量模型展开进一步分析，河南高技术产业得到了快速的发展，其中一个重要因素是融资，融资结构与价值创造正是本书研究的主题。两个双变量为高技术发展的指标 $GJSR$ 和金融指标 JR。$GJSR$ 和 JR 都是 P 阶结构，都由时间序列值决定。其结构为：

$$\begin{pmatrix} I & -b_{11} \\ -b_{21} & I \end{pmatrix} \begin{pmatrix} GJSR_t \\ JR_t \end{pmatrix} = \begin{pmatrix} a_0 \\ b_0 \end{pmatrix} + \begin{pmatrix} \sum_{i=1}^{p} a_{11}^i & \sum_{i=1}^{p} a_{12}^i \\ \sum_{i=1}^{p} a_{21}^i & \sum_{i=1}^{p} a_{22}^i \end{pmatrix} \begin{pmatrix} GJSR_{t-i} \\ JR_{t-i} \end{pmatrix} + \begin{pmatrix} \varepsilon_{1t} \\ \varepsilon_{2t} \end{pmatrix} \quad (5-3)$$

公式（5-3）可以展开为下面两个公式：

$$GJSR_t = a_0 + b_{11} JR_t + \sum_{i=1}^{p} a_{11}^i GJSR_{t-i} + \sum_{i=1}^{p} a_{12}^i JR_{t-i} + \varepsilon_{1t} \quad (5-4)$$

$$JR_t = b_0 + b_{21}GJSR_t + \sum_{i=1}^{p} a_{21}^i JR_{t-i} + \sum_{i=1}^{p} a_{22}^i GJSR_{t-i} + \varepsilon_{2t} \qquad (5-5)$$

其中，ε_{1t}、ε_{2t} 序列不相关，且为白噪声序列。该模型有一个良好的特性，它是 $GJSR$ 和 JR 指标双向作用和影响的模型，即随机冲击可以通过 JR_t 变量作用间接冲击 $GJSR_t$ 或 $GJSR_t$ 间接冲击 JR_t 变量。

一、数据来源

尽管影响河南高技术产业发展的金融因素包括银行、股票和保险市场，但考虑到河南金融中高技术企业通过保险市场融资的份额很少，股票市场虽然有一些融资，但数量还很有限，其主要融资渠道是银行。在银行融资中主要途径是贷款，这里，重点考虑的是中长期贷款，其对高技术产业的发展影响是最重要的。

本节采用 $GJSR$ 来衡量高技术产业发展的程度，$GJSR$ =河南高技术总产值/河南当年的 GDP。金融指标 JR 主要用 $MLDK$ 来表示。主要采取了 2000~2010 年的统计数据。这些数据来源于 2000~2010 年《中国高技术产业统计年鉴》和 2000~2010 年《河南统计年鉴》。为了消除趋势影响及异方差的可能，本节对所有的经济变量进行了对数化处理，所得到的新的序列分别记为 $LGJSR$ 和 $LMLDK$。

二、实证分析

（一）计量分析

1. 平稳性判断

根据协整理论，一个时间序列如果不是平稳的，很难由变量之间的统计关系来判断计量经济模型的形式，由此得到的模型往往不能反映实际情况，用于预测决策等也会有较大的失真，通常被称为"伪回归"问题。因此，首先进行平稳检验，如果序列是不平稳的，则需要消除这种不平稳性，然后进行协整分析。

这里用单位根 ADF 检验方法来判断。分别对 $GJSR$ 和 $MLDK$ 取自然对数，得到 $LGJSR$ 和 $LMLDK$，然后利用 ADF 进行判断。借助 Stata 10 软件，得到如下结果（见表 5-12）。

表 5-12　变量 ADF 的单位根检验

变量	ADF 统计值	1%的临界值	5%的临界值	10%的临界值	结论
LMLDK	−0.017	−3.750	−3.000	−2.630	不平稳
LGJSR	0.648	−3.750	−3.000	−2.630	不平稳
D（*LMLDK*）	−2.880	−3.750	−3.000	−2.630	不平稳
D（*LGJSR*）	−3.168	−3.750	−3.000	−2.630	平稳
D2（*LMLDK*）	−4.604	−3.750	−3.000	−2.630	平稳
D2（*LGJSR*）	−3.661	−3.750	−3.000	−2.630	平稳

从表 5-12 可以看出，*LGJSR* 和 *LMLDK* 变量在 5%的水平下都是 I（2）单整，说明时间序列通过差分后是平稳的，符合协整检验的前提。

2. VAR 模型的确定与协整分析

在协整关系检验时，通常有 EG（Engle-Granger）两步法和 Johansen 检验法两种方法。EG 两步法只适用于两个变量的单一协整关系的检验，且由于 Johansen 极大似然检验法比 EG 两步法更具有优势，检验结果更可靠，因此本节采用 Johansen 检验法。

要建立具有协整关系的向量自回归模型，首先要确定模型中滞后的阶数。正确选择模型中滞后的阶数，对模型估计和协整检验都会产生重要的影响。运用 Stata10 分析软件，经过反复测试选择滞后阶数，根据 AIC 值和 SBIC 值最小的原则，通过反复试验确定当模型的滞后阶数为 1 时，AIC 和 SBIC 同时达到最小值，分别为−2.42106 和−2.43652。具体结果如表 5-13 所示。

表 5-13　VAR 模型滞后期检验评价标准

lag	LR	FPE	AIC	HQIC	SBIC
0		0.050031	−0.15921	−0.254716	−0.166937
1	17.833*	0.005287*	−2.42106*	−2.61207*	−2.43652*
2	0.12982	0.007208	−2.15389	−2.44041	−2.17707

注：＊表示根据准则确定的滞后阶数。

在确定最优滞后期的基础上，为了探索变量之间是否存在长期稳定的关系，需要进行 Johansen 协整检验。具体结果如表 5-14 所示。

表 5-14　两变量 *LGJSR* 和 *LMLDK* 协整关系的 Johansen 检验

Rank	特征值	迹统计量	迹统计量5%水平临界值
0*	NA	8.2753*	15.41
1	0.53558	1.3726	3.76

结果显示在 5% 的显著水平下，协整检验拒绝了不存在协整关系的原假设，而未能拒绝最多存在一个协整向量的假设，表明模型变量只存在一个协整向量。通过协整检验验证了变量 *LGJSR* 和 *LMLDK* 之间也存在正向的协整关系，这也初步显示了河南省信贷市场的中长期贷款对高技术产业发展具有促进作用。

3. VAR 模型的确定

向量自回归（VAR）是基于数据的统计性质建立模型，VAR 模型把系统中每一个内生变量作为系统中所有内生变量的滞后值的函数来构造模型，从而将单变量自回归模型推广到由多元时间序列变量组成的"向量"自回归模型。利用 Stata 10 软件，得出的 VAR 模型如下：

$$LGJSR_t = -3.093498 + 0.5917513 LGJSR_{t-1} + 0.225247 LMLDAK_{t-1} \qquad (5-6)$$

$$LMLDAK_t = 3.785885 + 0.5405543 LGJSR_{t-1} + 0.7773018 LMLDAK_{t-1} \qquad (5-7)$$

从公式（5-6）和公式（5-7）可以看出，河南省中长期贷款在滞后一期情况下对高技术产业发展均有正向的影响，也进一步说明了信贷市场对高技术产业的发展具有积极的促进作用；另外，高技术产业发展对中长期贷款在滞后一期的情况下也有正向影响，这也说明了随着高技术产业的发展，其对信贷市场亦具有推动作用。简单来说，中长期贷款每增加 1%，推动高技术产值增加为 0.225247%，或者高技术产值增加为 1%，推进中长期贷款增加 0.5405543%，只不过这种作用在当年并不明显，在次年才会体现出来。

（二）脉冲响应函数和方差分解

脉冲响应函数用来分析每个向量的变动或冲击对它自己及所有其他内生变量产生的影响作用。第 i 个内生变量的一个冲击不仅直接影响到第 i 个变量，而且还通过 VAR 模型的动态结构传递给其他的内生变量，脉冲响应函数就是用来反映这些变量的变动轨迹，显示任意一个变量的扰动是如何通过模型影响所有其他变量，最终要反馈到本身的过程。此外，利用 VAR 模型，还可以进行方差分解研究模型的动态特征。其主要思想是把系统中每个内生变量的波动按其成因分解为与各方程信息相关联的多个组成部分，从而了解各信息对模型内生变量的相对重要性。

根据 Stata 所提供的脉冲响应分析方法和 Cholesky 分解方法，作为一个标准差信息的响应结果如图 5-6 和图 5-7 所示。

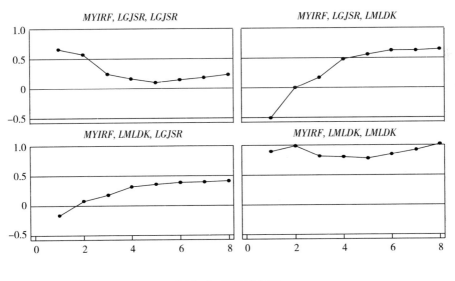

图 5-6 脉冲响应图

从图 5-6 和图 5-7 可以看出，*LMLDK* 在本期给 *LGJSR* 一个影响后，影响效果并不明显，就是说当期的中长期贷款对河南高技术产业发展的影响较小，在第 2 期的影响为正，但速度较慢，直到第 4 期开始，中长期贷款对河南高技术产业

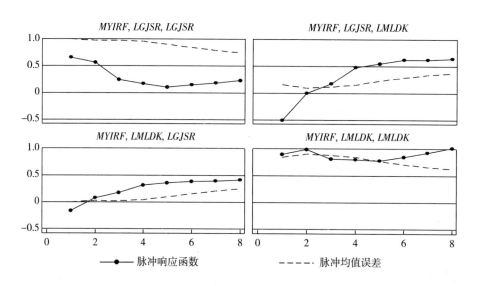

图 5-7　Cholesky（平方根法）分解图

发展的影响呈正向加速促进作用，并在第 8 期开始趋于稳定，这符合中长期贷款投入的增大对高技术产业的发展具有长期稳定支持促进作用的事实。图 5-6 和图 5-7 同样显示了 LMLDK 在受到 LGJSR 一个标准差信息的冲击后也具有明显正向响应，但在第 6 期达到最大又逐渐减弱并最终趋于平稳。

由方差分解结果（见表 5-15）可知，随着预测期的增加，LMLDK 的信息对 LGJSR 各期预测误差的贡献度逐渐增大，并且呈现稳中有升态势，在第一期贡献度为零，从第二期的 2% 升到第 8 期的 24%，再次说明了中长期贷款的增加对河南省高技术产业的发展具有推动作用。同样可以得出结论，高技术的快速发展对金融业的发展更是有力的推动，因为表 5-15 显示除第 2 期略降外，其他各期快速推动了金融业的发展。

表 5-15　LMLDK 和 LGJRS 方差分解

步骤	标准差	
	LGJSR	*LMLDK*
1	0	0.157045
2	0.023988	0.095677
3	0.02316	0.117813

续表

步骤	标准差	
	LGJSR	*LMLDK*
4	0.042062	0.154081
5	0.096221	0.231243
6	0.153633	0.291073
7	0.207402	0.339875
8	0.249366	0.371631

三、研究结论

从企业融资结构数据描述分析中可以看到，河南省上市公司融资结构存在的问题包括资产负债率偏低、长期负债比例低、流动负债过高、融资结构不合理等问题。

从数据描述分析中可以看到，河南省上市公司普遍资产负债率偏低，低于国际 60%～80% 的资产负债率水平，较低资产负债率虽然使企业经营风险有所降低，但也严重影响了企业利用财务杠杆获利的效率，同时提高了企业资本成本，不利于企业价值的增长。分析资产负债率偏低的原因，主要为负债融资困难和股权融资成本较低。由于我国资本市场发展并不发达、信息披露制度不完善、信用监管不到位等一系列问题使负债资本的债权人对希望融资的债务人的资格进行极为严格甚至苛刻的要求，经营状况较好、信誉度较高的大型企业取得负债融资的机会相比于中小型企业更为容易，而往往更急需负债融资的企业得不到这一机会，从而转向股权融资，而大型企业由于股权融资成本较低而更偏好股权融资，这种情况导致所有者权益偏高、资产负债率偏低的情况。分析其原因，企业负债融资主要源于银行贷款，发行企业债券并不能筹集到所需数额的资金，而取得中长期且利率较低的银行贷款更是企业面临的一大困难，我国资本市场发展水平也极大地制约着企业负债融资的渠道，这些原因也造成了企业融资结构不合理的现状。

根据小样本的数据，笔者在实证分析中检验了原假设，河南省上市公司的发展有其特定的规律，结合分析的相关理论，提出以下建议：第一，创新国内融资结构体系，积极推行政府资金和社会资金的联合，形成直接融资和间接融资的方式。前文理论分析中，财务宽松是创新的源泉，在某种情况下，低财务杠杆也会促进其创新。目前在河南上市公司融资结构中，更多的是和银行联合，启动各项资金支持计划。毋庸置疑，这极大地满足了部分企业的资金需求，但是，债权融资某种程度上转化为股权融资也是积极的融资结构方式，在低财务杠杆结构下，实施创新战略，从而促进价值创造的提升。第二，国家要制定专门的政策来规范和保护。制定积极有效的政策，大力引进外资研发资金，发挥外资研发资金对提升企业价值创造的作用。促进其技术创新资源投入，提升价值创造，且这些企业价值创造越高，越有助于外资的引入，形成良好的互动循环。第三，企业逐步形成科技资源共享平台，加大非企业商业机密信息的公开与透明度，可以提高效率，规避风险。根据其特色优势，进行产学研结合的探讨，加强与高校、科研机构的交流，实现多方技术供给与需求的合作，形成企业价值创造的力量。在其企业战略的积极引导下，获得融资资金，合理安排融资结构，理性规划融资成本，促进企业稳定、快速成长，持续增加企业价值创造能力。

第六章　优化融资结构提升企业价值创造的措施

权衡理论提出了核心观点，即价值创造视角下的融资策略是基于成本和风险之间的平衡决策的选择。理论上，股权资本成本高但风险低；债务融资成本低但风险高。如前文所述，实证研究发现，虽然我国上市公司股权融资偏好受多种因素影响，但低股权资本是最重要的原因。另外，基于操作风险和财务风险的高低风险相匹配的原则，操作风险低、匹配高财务风险是实务中企业的现实选择。融资结构形成融资决策是企业财务决策的重要组成部分。企业的融资行为是考虑实际的融资环境和相应的发展阶段后理性选择的结果（耿成轩，2010）。债务融资与公司价值的关系主要从融资结构方面进行，得出的结论主要分为两个方面：一是负债率越低，企业价值越高；二是债务融资不仅有助于降低股权代理成本，还可以促进企业运营效率的提高。经济政策的不确定性意味着经济实体难以准确预测政策的调整和变化（Gulen and Ion，2016），这种不确定性是一种典型的系统性风险，将影响企业信用、现金持有、企业投融资活动。经济学政策的不确定性将导致短期内公司债务融资规模和长期负债规模都有所下降，短期负债的规模下降速度更快，从而呈现长期负债率最终上升，短期负债率下降的特点（王晶晶，2019），从而对企业价值产生影响。

企业价值创造的财务意义是资金增长，为满足快速发展的资金需求，基于融资优序先内后外的原理，企业会选择将利润的大部分留存下来。这种原理下的融资结构，第一，在融资行为方面，优先权益融资，即外部财务融资的主要资金来源不是有息债务；第二，在资本结构方面，资产负债率低，即来源于负债融资的比例较低。

基于权衡理论、融资优序、市场时机等理论，以价值创造为财务目标的融资结构，通常考虑融资成本、风险控制等因素。考虑融资结构中融资偏好决策动因，从而实现融资偏好的经济后果，即实现价值创造。基于财务数据，提升企业价值；基于市场数据，增加股东财富。综上所述，优化融资结构提升企业价值创造，基于内外部环境因素综合考量。探索创新，寻求多元化融资方法和模式企业要与时俱进，谋求自身发展并开拓新的融资渠道。与资本市场对接，直接融资是许多大型集团企业的核心，但直接从上述资本市场融资、债券发行和资产证券化等对公司信用评级、治理水平、控股持续营利能力和现金流相对要求较高，对于大多数中小型企业难以企及。

资本成本无论采用何种融资方式，应首先考虑财务风险。合理控制财务风险，降低财务风险资本成本，对于较低利润行业，商业贷款利率承受能力有限、抗风险能力低。融资成本高于投资回报预期，融资结构应结合价值创造，不采用商业贷款这种融资方式。对于集团企业来说，控制信用风险比控制风险成本更重要。融资结构中应授予信贷管理，未经集团批准，任何成员不允许进行外部借款或内部公司拆解借款、内部员工筹款和其他融资活动。当内部资金无法满足需求时，企业有统一的外部融资解决方案，实现金融风险集中控制，基于融资结构优化的视角，提升企业价值创造。以下内容从动态资本结构调整的视角、优化我国上市公司融资结构、优化融资结构促进价值创造三个方面展开分析。

第一节　动态资本结构调整的视角

基于上述相关章节分析，动态资本结构调整是企业优化资本结构并提升企业价值创造的新思路与新发展。结合权衡理论视角，从融资成本和风险控制权衡方面来阐述相关建议。

一、基于目标资本结构的动态调整

企业资本结构决策是在各种因素的综合作用下不断接近目标资本结构的动态过程，基于短期与长期的不同期限，表现为静态权衡理论与动态权衡理论。

静态权衡理论认为，负债融资成本与收益收入之间相权衡，形成企业最优资本结构，表现为债务税盾效应与代理收入、破产成本和监管成本之间权衡的结果。治理结构、市场机会和市场竞争地位的差异，常常导致企业资本结构偏离静态平衡最优结构、企业出现融资偏好等，如股权融资等（毛育晖、杨艳，2014）。

动态权衡理论的主要思想源于资本结构的长期均衡，逐渐形成动态资本结构理论的核心体系。该理论提出，从短期来看，企业的资本结构存在偏离目标资本结构的现象，随着企业不断发展，资本结构不可避免地会回到其目标资本结构状态，企业的目标资本结构是权衡各种成本和收益因素的结果。

（一）遵循企业资本结构向目标资本结构回归的规律

企业综合考虑不确定性、税收、破产成本等因素对企业资本结构的影响，分析债务融资的税收屏蔽效应和破产成本之间的动态权衡。当企业遇到负面外部冲击时，企业可以快速响应，持续调整目标资本结构。在这种情况下，企业将保持高负债率，以获得债务避税效应，从而提升企业价值创造。

企业应当考虑交易成本因素，因为最优资本结构在范围值区间波动，受债务融资收入、潜在成本、基础资产收入波动性、无风险利率以及资本结构调整成本的影响。企业资本结构调整为目标资本结构，调整频率和方式受到调整成本的约束。较小的交易成本也会引起负债比率变动，导致企业向目标资本结构调整的波动范围扩大。因而，企业要明确资本结构向目标资本结构调整的规律，考虑上述各种因素，从而遵循最优资本结构的调整路径。在需要时快速调整，结合企业经营状况，考虑调整成本的实际情况，形成恰当的融资结构决策。

（二）注重资本结构动态调整的速度

企业自身的融资约束情况影响其融资决策，不受融资约束的企业的杠杆率呈现反向循环趋势，而严重融资约束企业的杠杆比率往往是顺周期的趋势。企业融资决策及资本结构动态调整速度也受到宏观经济环境的影响。不论企业是否面临融资约束的影响，在宏观经济状况较好时，资本结构调整速度比经济状况较差时更快（Cook and Tang，2010）。企业资本结构动态调整行为受制度和法律环境的影响，制度环境影响交易成本从而影响资本结构的调整速度。宏观经济因素通过影响公司现金流从而影响企业信用风险，这也是企业资本结构动态调整的一般性规律。企业在目标资本结构动态调整中，要结合宏观经济背景对资本结构动态调整速度做出决策。

二、资本结构持续动态优化

目标资本结构作为资本结构动态调整理论中研究的首要因素，是企业决定是否调整、如何调整速度以及如何选择调整路径的基础（陈良华等，2022）。企业不断动态优化目标资本结构，估计目标资本结构模型，考虑影响企业目标资本结构的微观、中观和宏观因素，形成资本结构动态调整框架，从而衡量宏观环境因素对企业目标资本结构和动态调整反应的影响，提升企业资本结构动态调整研究的应用性。

（一）考虑外部环境影响因素

企业管理部门根据其历史资本结构的反馈和评估，结合当前经营环境，适时预测未来宏观和微观经营环境变化，调整经营战略，并及时调整企业债务资本和权益资本的比例，实现企业价值创造的财务支持。宏观调控政策影响企业资本结构，财政支出增长率、税率、实际贷款利率和货币供应增长速度对资产负债率有显著影响，财政支出增长率及实际贷款利率与资本结构负相关，税率及货币供应增速与资本结构正相关（王晓燕、周昺君，2017）。企业资本结构优化与宏观经济环境之间存在动态关系。数字化、智能化形成企业新的商业模式，资本结构动态优化是在内外部环境变化下，企业资本结构优化的方向和目标。

(二) 考虑公司层面影响因素

企业资本结构实施动态调整和优化，以实现企业的短期、中期和长期战略目标。只有当企业调整带来的价值收益大于调整成本，企业资本结构调整才有意义。资本结构优化的方向，要综合考虑税率、利率和通货膨胀率的变化。提高企业价值创造是企业资本结构优化的目标。公司规模、营利能力、成长能力、可供担保的资产价值和实际税负都影响资本结构，最优资本结构有一个目标范围。该范围在企业价值创造最大化确定的静态最优结构基础上，参考同行业龙头企业的相关指标，并考虑资本结构的内外部影响因素和弹性因素，从而合理确定其范围。

第二节　优化我国上市公司融资结构的对策

综上所述，结合相关学者对我国上市公司实证研究的结果分析，我国上市公司的融资结构还存在一些问题，主要表现在不能合理利用财务杠杆、有强烈的权益融资偏好、国有股股东身份不明确等方面。这些问题的存在一方面使企业避税价值降低，另一方面又增加了代理成本与财务危机成本，从而使企业价值降低。究其根源，我国的具体制度安排是原因之一，且企业自身也有待进一步发展。因此，为提高企业价值，优化融资结构，可以从以下两方面入手：一是构建合理的股权结构和债务结构；二是加强股权治理和债务治理共同作用。其具体措施：①降低国有股比例，加快股票全流通，借鉴控制权转移的有效方式，采取更加市场化的有偿转让方式，将国有股有偿转让给法人股东，构建适度集中的法人控股的股权结构；②提高管理者股权比例，加强对管理者的激励作用；③充分放开信贷市场，提高公司资产负债率转折点，建立完善的市场信用机制，充分发挥负债的杠杆作用，培育信号传递机制，合理安排企业的短期负债与长期负债比例等。通过上述措施构建股权治理与债务治理互补的平台，从而更加积极地促进价值创造。成本最低的筹资未必是企业的最佳筹资决策，由于财务拮据成本和代理成本的作用和影响，过度负债会抵消节税增加的收益。这是由于随着负债比重的增加，企业的利息费用同时增加，企业丧失偿债能力的可能性逐渐加大，企业的财务风险也相应加大，而由于财务风险的加大，投资者和债权人都会要求获得相应的补偿，要求提高资金报酬率，从而使企业综合资本成本大大提高，导致融资结构的恶化。企业的融资结构应该是负债和自有资本保持一个适当的比例，也就是确定一个合理的债务比例。如果企业的资金全部来源于股东，则股本收益率（收益/自有资本）等于企业投资收益率（收益/全部资本），企业经营风险全部由普通股股东承担，此时，股本风险就等于经营风险。如果企业所需资金一部分来源于股东的资本，另一部分来源于债权人的长期债务资本，则负债的存在带来了财务杠杆收益（财务杠杆收益是企业运用负债带来的股东报酬的扩张），普通股股东可能获得比企业投资收益率更高的收益，同时也将承担更高的风险。此外，企业可能存在的一种情况是，普通股股东将获得额外的由债权人不愿承担风险而放弃的一部分收益（即财务杠杆收益）；另一种情况是，普通股股东将承担额外的由债权人所推卸的那部分经营风险。由于这部分风险是因企业筹集了债务资金而附加给普通股股东的，故称之为财务风险。可见，企业确定融资结构时要考虑经营风险、股本风险以及财务风险。现在从外部及企业内部自身来分析其相关对策，并得出相对较合理的负债比例的有关量化指标。

一、外部对策

（一）完善企业信用评级制度和贷款分级制度

我国资本和金融市场还不发达的现阶段，由于信息不对称而导致的信用风险随时可能发生，作为负债资本所有者的债权人为了规避风险，更愿意将负债资本借贷给信用良好且生产经营状况优秀的大型企业，而急需融资扩大生产规模但信用状况欠佳的中小型企业往往很难取得所需的借款。银行作为以存贷款为主营业务的企业，保持所持资本的盈利性和安全性原则使其在选择放款对象上小心谨慎，这也进一步制约了企业的负债融资。

所以完善企业信用评级制度和贷款分级制度至关重要，处于不同信用级别的企业取得与其信用级别相适应的贷款，既可以使负债资本的债权人的利益得到保障，又可以使企业取得其所需要的贷款。但发展和完善企业信用评级制度和贷款分级制度是以资本市场的发展为前提，大力发展我国资本市场才是重中之重。所以政府应不断发展和完善我国信用评级制度和信用评级体系，建立切实有效的信用评级指标体系与评价方法，对企业信用活动进行监督和管理，从而规范企业的信用活动，拓宽企业融资渠道、扩大企业的融资规模。

（二）建立完善破产机制，保障债权人利益

我国建立了完善而系统的保护中小股东利益的相关机制，完善立法体系，提高法律的可操作性、便捷性和经济性，使保护投资者的成本最小化，提高证券市场监督强度和发挥中介机构的社会监督职能，从而有助于企业的融资活动。但由于我国的破产机制仍有加强的空间，上市公司债权人的利益不能在适当的时候得到保护。此外，我国也没有建立起完善的债券市场，公司债务缺乏流动性，债权人难以通过市场来化解和分散风险。这样债权人的利益就不能很好地得到保障。现代治理结构理论认为，通过设置一套相机治理机制可以有效防止损人利己的行为。所谓相机治理，就是根据具体的利益受损情况采取相应的应急措施。当企业有偿债能力时，股东拥有企业的剩余索取权与控制权。如果债权人的利益受损，企业无力支付到期债务时，公司进入破产阶段，相机治理机制转为破产机制，债权人控制企业。由于债权人控制比股东控制更为有力，能够激励经理人员努力工作、节制消费，从而可以有效地降低代理成本，提高企业价值。

（三）加速商业银行改革，实现利率的市场化调节

目前我国的借贷市场由于受到很多非经济因素的影响，银行贷款利率不反映债务人的信用状况，一般也不会随着债务人负债比例的增加而作出相应的调整，从而使贷款利率与风险程度脱节。因此，应加速商业银行改革，实现利率的市场化调节，促进资源的优化配置。

（四）完善管制制度，加强管制力度

根据美国财务会计准则委员会的财务概念框架和我国 2006 年《企业会计准则——基本准则》的规定，高质量的会计信息应满足决策有用性（及价值相关

性）、可靠性、及时性和稳健性等标准，在对资产负债表的改革中，详细披露负债项目是必要趋势，包括对衍生金融负债和递延所得税负债等项目的充分披露。公司方面，应树立利益相关者价值最大化为理财导向，克服"股东利益至上"原则下财富从债权人转移至股东的行为。详细披露公司盈余信息，包括盈余结构、盈余持续性等信息，以利于利益相关者对公司的价值创造、盈利性做出合理预测。应强化董事会制度，发挥独立董事作用，完善审计委员会制度，严格对债务企业履行情况的监督，遏制为满足债务契约所进行的盈余操纵行为，提高盈余信息的价值相关性。积极发挥股权治理的作用，实证研究和西方发达市场经验表明，股权集中对完善公司治理具有积极的意义，当前在规范控股股东行为、避免大股东利用控制权获取私人收益的同时，还应进一步推进银行的改革，使银行以债权人身份积极参与公司的治理和监督，这些都是提高盈余质量的必要途径。由于会计信息具有公共产品的性质，往往会产生生产不足和垄断定价的经济后果，因此，针对会计信息披露的管制是必要的。会计准则和会计制度的制定是会计管制的主要内容，从管制的实践来看，以具体规则为导向的准则制定模式操作性较强，一定程度上减少了盈余管理的弹性，但其制定成本和执行成本都比较高，此外，存在准则的内容过于细化、制定的效率低下、缺乏灵活性等问题，同时，企业容易通过"交易设计"和"组织创新"来规避准则的约束。相反，以原则为导向的准则制定模式可以减少准则中存在的例外情况，降低准则的复杂性。原则导向制定的准则在应用中需要设计大量的会计人员和审计人员的专业判断，在保证会计人员和审计人员专业能力和职业道德的基础上可以提高会计信息质量。总之，应在坚持准则制定国际趋同、国内协同的原则指导下，完善管制手段，提高管制效率和效果。规范会计信息报告和披露之余，对资本市场的监管也是不容忽视的问题。资本市场在现代经济资源配置方面发挥了巨大作用。完善企业上市审批程序，规范上市公司年报、中报和季报报告制度，提高报告及时性和透明度，包括对治理信息的详细披露，改进退市、特别处理、再融资资格的衡量标准，以及加大对违规现象的曝光和惩罚力度，建立由政府、债权人、机构投资者和个人投资者等利益相关者组成的多层次监管体系，这是至关重要的。

二、内部对策

合理促进融资结构的动态优化，对公司价值较低、经营效率低下的企业进行并购重组，充分使用市场定价机制，进行控制权有偿转让和全部转让，避免使用无偿划拨的低效转移方式，提高上市公司的主营业务能力，提升公司的整体价值。

（一）优化企业资产结构，提高企业资产运营效率

企业的资产构成作为企业融资结构的重要组成部分之一，其构成是否合理直接影响着企业资本运营的效率，进而影响价值创造水平的提高。从回归分析中也可以看出，河南省上市公司固定资产比率和资本固定化率与价值创造密切相关，而这两项指标也是反映企业资产结构的重要指标，因此优化企业资产结构也成为提高价值创造水平的重要手段之一。

优化企业资产结构应根据企业所处的行业和经营特点的不同合理配置企业资产结构比例，如电力生产、煤炭采选业等需要众多大型机械设备的行业，较高的固定资产结构成为这些行业生产经营的特点之一，而物流、轻工业制造业等行业的固定资产比率相对较低，所以针对企业生产经营特点，合理配置企业固定资产和流动资产比例对提高企业资本运营效率尤为重要。而流动资产构成中的现金、应收账款和存货等也影响着企业财务运营状况，企业应对应收账款进行账龄分析，收回到期应收账款，对无法按期收回和可能出现损失的应收账款及时计提坏账准备，加快存货周转速度以防止产生挤压等，从而提高企业资产经营效率，优化我国上市公司的融资结构，提高企业价值。

（二）建立和完善经理人员报酬制度

目前我国上市公司经理人员的报酬较低，与公司价值创造不存在显著的正相关关系，并且报酬形式单一，其结构一般是由基本工资加年终奖构成。这种报酬制度不能将经理人员的经济利益和企业的经济利益紧密结合，不利于激发经理人员的工作积极性和承担风险的动力，从而使他们产生"不求有功，但求无过"的思想。如前文所述，在公司营利水平较高时，经理人员仍保持较好的负债水

平，且偏好股权融资，从而丧失财务杠杆收益，降低企业价值。相比之下，西方国家经理人员报酬契约包含激励、风险和决策视野，这三者达到了微妙平衡，使经理人员的利益同公司利益较好地结合在一起。典型的西方公司经理人员报酬由年薪、提供现金奖励的年度奖励方案和通过多种方式发放公司股票的长期激励三部分组成。因此，我国可参照制定经理人员报酬制度，把经理人员的个人利益和企业利益联结在一起，使他们关注企业的长短期发展，提高企业价值。

（三）提高上市公司股权结构的治理效率

著名的财务学家米勒（Miller）把公司治理结构的选择看作是企业改革的主要策略。公司股权越合理，公司治理效率越高，公司价值就越大。如前文所述，目前我国上市公司的国家股、法人股占绝对控股地位。从理论上说，这种产权结构的治理效率是较高的，但是，由于国有股股东"缺位"，社会公众股分布零散，使上市公司的"内部人控制"严重。而且，国有股所占比例越大，公司的内部控制就越强，产权结构治理的效率就越低。因此，改革和完善国有股治理机制成为优化融资结构的关键。这样，就必须进一步深化国有股管理机制，建立一个政企分开、责任明确、监管有力的新体制，并逐步把国有股推向市场，实现国有股的减持。

三、合理负债比例的确定

根据以上的理论分析，企业融资结构优化的关键是确定一个合理的债务比例。假设企业的最佳资本总量和预期投资收益是已知的，需要讨论的问题是如何搭配企业债务资本和自有资本的比例，即确立企业的最佳融资结构。

无负债企业的自有资本税后利润报酬率与有负债企业的自有资本税后利润报酬率不相同。随着企业的债务资本/自有资本比例的扩大，企业的财务破产成本、财务拮据成本、代理成本均增加，作为追求自身利益最大化的理性"经济人"，债权人均能理性地预期到上述成本的增加。随着企业债务资本/自有资本比例的扩大，债权人会要求提高债务资本回报率，从而提高企业的债务融资成本。因此，可以得出企业债务融资成本是影响企业债务资本/自有资本比例的内生变量。

负债企业的自有资本期望报酬率大于无负债企业的自有资本期望报酬率时，负债融资能够带来节税收益；当负债企业的自有资本期望报酬率小于无负债企业的自有资本报酬率时，负债融资不仅没有节税利益，反而还有负效应。

因此，当企业债务融资节税利益达到最大的融资结构状态时，此状态即为企业融资结构的最优状态。只有考虑企业价值最大化的融资结构才是最优的融资结构，而最优融资结构的决策无怪乎是如何确定最佳的负债比例，就能够理解为什么我国企业在融资过程中显示出来的对负债融资的偏好。因此，必须规范企业的融资行为，避免企业在融资过程中的短视行为，形成企业在融资过程中的激励相容机制，这样才能真正解决我国企业融资的非理性现象以及上市公司的"圈钱"现象，让我国企业的融资行为走向正轨。

第三节　优化融资结构提升企业价值创造的建议

通过实证分析可以看到，价值创造与融资结构相关，合理的融资结构是企业不断提高自身价值的最重要的保证之一。在企业不断提高其生产价值创造的同时，又反作用于融资结构，使融资结构进一步趋于合理。

一、转变企业经营方式，适当提高企业负债经营比例

从上述的分析中可以发现，上市公司融资结构与以主营业务收入表示的企业成长绩效有弱正相关关系。并且从资本比例构成的分析中可知，负债经营不仅可以有效地节约企业资金成本以起到减税作用，还可以通过财务杠杆效应增加企业收益，提高企业价值。在金融市场快速发展的今天，可以有效地减轻由于市场波动而给企业造成的损失。从回归分析中可以看到，价值创造水平与企业负债经营比率息息相关，较高的负债经营比率往往能给企业带来较好的效益。资产负债率较低的企业往往在价值创造综合得分中处于较低水平，对于价值创造较好而负债

经营比率却较低的企业来说，提高负债经营比率进而提高价值创造可以使之达到一个更高的水平。

由于资产负债率普遍偏低而造成企业资本运营效率低、绩效水平低的问题只有通过不断扩大企业负债比例，将以凭借自有资产经营为主的经营方式逐步转变为以负债经营为主，充分发挥负债经营的减税效应和财务杠杆优势，不断提高价值创造水平。高回报的同时意味着高风险，而在企业负债比例增加的同时，其所面临的财务风险也在不断增加，如果企业财务风险普遍较低，偏重于稳健保守经营，增加负债经营比率就必然增加企业财务风险，因此为了控制负债经营风险保证企业财务安全，企业应及时建立风险预警指标体系，时刻关注企业财务风险状况，规避风险、控制风险，在保证企业财务安全的前提下将负债经营比率不断扩大，不断提升企业自身的价值。加强债务融资在公司治理中的作用，建立有效的偿债保障机制，提高银行对企业的监控力度，完善和健全破产制度，使接管市场和控制权转移发挥作用，为债务融资正面效应的发挥提供条件。

二、转变融资方式，从股权融资逐步转变为负债融资

优序融资理论指出，企业融资顺序应先为盈余留存的内源融资，然后是外源融资，而外源融资应优先债权融资然后是股权融资。从西方发达国家融资构成来看，内源融资占主要地位，而在外源融资中债权融资又远远高于股权融资，这也符合优序融资理论的基本要求。

如果企业的资产负债率相对较低，则企业的融资较大部分源于股权融资，已有几家上市公司增发或拟增发新股进行再融资，相对于负债融资我国上市公司更加偏好于股权融资。由于现阶段我国资本市场上股权融资无须偿还且不用支付利息，加之股票投资者追求股价差额收益而非长期股利收益，使在股票股利低分配或不分配的情况普遍存在的情况下，企业仍可通过发行股票筹集到大量资金，相较于负债融资成本来说，股权融资成本更低；并且企业经营决策者在传统经营观念的影响下，风险厌恶型经营者更倾向于不增加企业负债的股权融资，上市公司在融资过程中往往将负债融资放在股权融资之后，即先股权融资再负债融资，这

一融资顺序并不符合优序融资理论的要求。

所以应转变经营观念，采用更科学的决策方法，用长远的眼光选择更加适合企业生产经营的融资方式，将内源融资和负债融资作为主要的融资方式，改变单一股权融资的现状，对于提升企业负债经营比例和绩效水平具有重要的意义。由于股权融资在现阶段存在融资成本低、融资数量大、没有还本付息压力等优势，所以想改变企业融资的现状不仅需要从内部转变经营理念，也需要外部政策的扶植和支持，要不断完善我国资本市场，加强信息披露和法律监管，政府相关部门出台政策鼓励企业负债融资和负债经营，给予企业更多税收方面的优惠等。

三、拓宽融资渠道，丰富融资方式

由于在计划经济时期银行不仅作为商业银行进行自身经营活动，还作为政策性金融机构向企业提供政策性贷款，使企业与银行形成了紧密的联系，随着市场经济的发展，银行逐渐商业化且不再行使政策性金融机构的职能，但企业和银行依旧密切的联系使企业更偏向于向银行借款融资。企业总体负债构成中，除去企业生产经营活动产生的相关商业信用外，负债融资大部分为短期银行借款所形成的部分流动负债，并且长期负债比率较低或没有长期负债，其中长期银行借款比率低甚至没有长期银行借款，只有少数企业的一小部分负债融资源于企业债券和其他融资方式，融资渠道狭窄和融资方式单一使企业负债融资更加困难。

企业债券是企业负债融资的重要手段之一，但我国企业债券市场发展缓慢，无论从市场规模、债券种类和融资数量上来说都与股票市场有较大的差距。此外，现阶段我国企业债券市场发展水平较低，企业债券发行规模受到限制，并且债券发行成本较高，企业经营的不确定性使企业债券风险相比于政府债券高很多，这些原因使企业将融资方式转向成本更低、融资规模更大的股权融资，这进一步限制了企业债券市场的发展。

扩大企业融资渠道和融资方式，首先应扩大企业债券融资规模，使企业的债券融资真正成为企业负债融资的主要手段。一是应大力发展企业债券市场，健全和完善企业债券市场结构、扩大市场规模；二是应增加企业债券品种、开发企业债券衍生品种，进而提高企业债券的流动性和可转换性，降低企业债券的风险；三是应加大信息披露制度，加强市场法制监管；四是应扩大企业债券发行规模，降低企业债券融资成本，从而全面推进企业债券融资的发展。

国内学者对融资结构研究的较多，多数注重狭义和静态的融资结构研究，本书则从广义的融资结构入手，分析融资结构对公司价值的影响，接着选取河南上市公司和高科技公司的样本数据实证检验融资结构对公司价值即价值创造的影响结果，并得出了一些有意义的结论。

通过界定广义的融资结构，将股权结构对公司价值的影响和债务结构对公司价值的影响纳入一个统一的分析框架。债务结构与公司价值的理论分析发现，银行负债比公司债券具有更强的监督约束能力，短期负债主要通过监督效应增加公司价值，长期负债主要通过避税效应增加公司价值。股权结构与债务结构共同作用对公司价值影响的决策模型显示，两者在监督公司管理者方面具有互补作用，集中的股权结构与集中的债务结构相联系，分散的股权结构与分散的债务结构相联系，强的股权约束与强的债务约束相联系。

国有股比例过高不利于公司价值的提升；适度集中的法人股比例有利于公司价值的提升；流通股对公司价值的作用并不显著；管理者股权存在利益趋同效应和防御效应。管理者持股比例过低，离有效激励的管理者股权比例相去甚远；第一大股东持股比例与公司价值之间存在明显的区间效应，适度集中的股权结构有利于公司价值的提高；当资产负债率水平较低时，增加公司的负债水平，能够有效地增加公司价值，当资产负债率增加到一定水平之后（超过转折点），负债水平的上升将对公司价值产生不利影响，中国上市公司负债水平的转折点明显低于西方国家，负债的功能在我国没有充分发挥，更没有实现负债的信号传递功能；长期负债与短期负债相比，在发挥监督约束管理者、提高公司价值方面更加有利；公司债务与股权集中度显著负相关，股权集中度越高，公司债务水平越低，两者之间不存在互补作用；负债与国有股、法人股、社会公众股共同作用后对公司价值的影响显示，负债与国有股的共同作用对公司价值的影响为负，负债与流通股的共同作用对公司价值的影响为正，负债与法人股的共同作用对公司价值的影响不显著；另外所有模型显示，公司规模对公司价值有正的影响，资本成本对公司价值有负的影响。

四、优化融资结构，降低成本

会计信息在契约签订、监督履行和激励或惩罚过程中起到重要作用，其本意旨在降低代理成本，但现实中，债务契约往往没有像预期那样发挥作用，反而促使管理层为了满足某些限制性条款或减轻技术性违约风险进行盈余操纵，从而降低了盈余的可靠性和价值相关性，即降低了盈余质量。针对此类现状，笔者认为可以作如下完善：

现代企业可以被看成一系列明确契约和不明确契约的耦合体，融资结构的选择对契约的成本有着不同的影响，从而对公司的价值也有不同的影响，由于契约的不完全性和信息的不对称性，在降低代理成本方面，融资结构的约束要强于激励合约的作用。因而，融资结构的选择不能仅考虑资本成本，还应考虑其作为一种制度安排所应发挥的作用。

公司运作的核心是价值创造和治理，两者取决于公司控制权的配置，而公司控制权的配置又在很大程度上取决于公司的融资决策和融资结构。因此，公司融资结构的选择（包括资金来源和融资顺序）应以价值创造为基础，以降低代理成本为核心，并与特定的治理模式相适应。

公司经营是在特定的法律环境中进行的，融资结构也受到法律环境的影响，包括税收政策、破产法律和债权人保护法律等。

应大力加强债券市场的建设。我国上市公司融资顺序与理论上的"融资优序"相背离，表现出对股权融资的偏爱和债务融资的忽视，结果不但没有建立内部监督机制，还削弱了外部监督机制的作用，这其中很重要的一方面原因就是缺乏一个成熟发达的债券市场。综观我国近几年债券市场发展状况，总体规模虽有所上升，但在融资总额中的比例仍然较低。发达的债券市场有利于企业债务融资，扩大融资渠道，完善融资结构，减少委托人和代理人之间的信息不对称，降低代理成本；减少现金流量，从而减轻管理层在职消费和过度投资，发挥传递企业内部信息的积极作用。完善债券市场具体应做到完善法律机制、建立健全债券并购机制、强化信息披露机制、加强中介机构的责任机制、建立多层次企业债券交易市场、落实市场主体责任以及强化对债权人的保护等。积极发展企业债券市场，为企业债券市场的发展提供宽松的环境，拓宽企业融资渠道。政府应减少行政干预，并在政策上对企业债券市场的发展给予支持。如逐步放松对企业债券发行的额度限制、逐步放松对企业债券的利率约束、努力培养企业债券二级市场，不断完善企业债券市场结构体系，建立健全多层次的企业债券市场。

五、发挥融资结构效应，提升企业价值创造

融资结构作为反映公司经济实力、风险程度、资本市场声誉和经济效率高低的综合性重要财务指标，在影响公司的经营活动的同时，也对公司的运作起着重要影响，具体表现在以下五个方面：

第一，发挥财务杠杆效应。融资结构的财务杠杆效应是公司通过对融资结构的选择而对权益资本收益率产生的影响。实践中，由于债权资本不承担公司的经营风险，而且在公司破产中具有优先清偿权以保证其利益，因此债权资本的收益率是固定的。这样，在公司总资产中收益率与债权资产收益率之差就是一定的。财务杠杆越高，则总资产中权益资本的比例越低，在总资产一定的情况下，权益资本的绝对数量越低，单位权益资本收益率越高。

第二，发挥融资结构的税盾效应。融资结构的税盾效应即债券融资的抵税收益会对公司的市场价值产生影响。可见，适度的债务可以增加税盾收益，提高市场价值，但税盾收益效应是以公司盈利为前提的，并且应优化这种负债的期限结构。

第三，发挥债券融资的破产成本效应。融资结构的破产效应是指公司通过融资结构的选择而对公司财务的持续性产生影响。负债经营的公司除面临经营风险还面临财务风险，负债规模越大其期限越短，陷入财务危机和破产的可能性越大。因而，选择融资结构时应在税盾效应、财务杠杆和财务困境现值之间进行权衡。

第四，发挥融资结构的信号效应。根据有效资本市场假说，融资结构的披露可以向外部投资者传递信息，并对其投资决策产生影响，这就在内部人和外部人之间形成了一种博弈。内部人为了能够向公司外部传递一种正面的、积极的信号，制定融资政策时必然做出相关考虑。具体包括以下几方面：首先，债务比例的确定。公司不应该为了片面追求高杠杆效应向市场传递高营利能力的目的而过度负债，这样会遭到股东对公司经营质量的质疑。其次，管理层持股比例和主动的股权回购。管理层通常是风险规避者且财富有限，但掌握了公司真实的内部信息。在均衡状态下，管理层持股比例向市场发出某项投资项目的真实价值的信号，投资者会将公司投资的项目质量当作公司管理层持股比例的一个函数，管理层持股比例和主动回购的比例越高，所传递的信息是项目的价值越高，从而公司的市场价值越大。最后，融资工具和融资顺序的选择。融资工具和融资顺序受到市场发达程度、对管理层造成的压力、投资者要求的风险补偿和融资成本的影响，在给定条件下，最优融资方式和融资顺序的信息可以提高公司股票价格，提升公司价值，而选择次优的融资工具或融资顺序会被投资者看作公司前景不佳的信号。

第五，发挥融资结构的治理效应。融资结构的治理效应是指公司通过融资结构的选择而对公司治理结构效率所产生的影响，包括债权的治理效应和股权的治理效应。在市场经济条件下，企业债务和股权安排不再仅仅是不同的融资工具，还代表了不同的治理结构。融资结构对债权治理的效应主要表现在债权人对公司治理结构效率的影响。而负债中的短期债务与长期债务对治理作用又是不同的。短期债务一方面会引发清算，另一方面通过偿债活动，可以减少公司将用于抵消扩张或净现值为负的投资的现金支出，从而在债权人接管公司后，可以带来经营上的转机。长期债务的治理效应主要体现在约束新的资本流入上。长期债权融资的限制条款可以在事实上降低经营者以部分长期收益为代价，为一些无利可图的项目过度融资的风险。当然，不管是长期债权融资还是短期债券融资，债务治理机制要发挥作用都要以相应的破产机制为前提。融资结构对股权治理的效应主要表现在股权结构对公司治理效率的影响，给予经营者激励和控制权并不十分重要，重要的是如何设计出合理的融资结构，从而限制经营者以牺牲投资者利益为代价，去追求自身利益的机会主义行为。具体安排时应考虑股权持有者的性质、身份和股权的分散程度，权衡股权结构对经营效果和经营效率的双重影响。长期债权融资的限制条款可以在事实上降低经营者以部分长期收益为代价，为一些无利可图的项目过度融资的风险。通过优化融资结构、有效控制财务风险、降低融资成本，实现企业价值创造。

参考文献

［1］ Aghion P, Bolton P. An Incomplete Contracts Approach to Financial Contracting ［J］. The Review of Economic Studies, 1992, 59 (3): 473-494.

［2］ Aghion P, Reenen J V, Zingales L. Innovation and Institutional Ownership ［J］. American Economic Review, 2013, 103 (1): 277-304.

［3］ Altman E I. A Further Empirical Investigation of the Bankruptcy Cost Question ［J］. The Journal of Finance, 1984, 39 (4): 1067-1089.

［4］ Annarelli A, Battistella C, Nonino F, Parida V, Pessot E. Literature Review on Digitalization Capabilities: Co-citation Analysis of Antecedents, Conceptualization and Consequences ［J］. Technological Forecasting and Social Change, 2021 (166): 120635.

［5］ Baker M, Wurgler J. Market Timing and Capital Structure ［J］. The Journal of Finance, 2002, 57 (1): 1-32.

［6］ Balakrishnan S, Fox I. Asset Specificity, Firm Heterogeneity and Capital Structure ［J］. Strategic Management Journal, 1993, 14 (1): 3-16.

［7］ Bates R A, Holton E F. Computerized Performance Monitoring: A Review of Human Resource Issues ［J］. Human Resource Management Review, 1995, 5 (4): 267-288.

［8］ Baxter N D. Leverage, Risk of Ruin and the Cost of Capital ［J］. The Journal of Finance, 1967, 22 (3): 395-403.

[9] Ben-David I, Graham J R, Harvey C R. Managerial Overconfidence and Corporate Policies [Z] . National Bureau of Economic Research, 2007.

[10] Benston G J. The self-serving Management Hypothesis: Some Evidence [J] . Journal of Accounting and Economics, 1985, 7 (1-3): 67-84.

[11] Berglof E. Capital Structure as a Mechanism for Control: A Comparison of Systems [M] . London: Sage Publication, 1990.

[12] Berkovitch E, Israel R, Spiegel Y. Managerial Compensation and Capital Structure [J] . Journal of Economics & Management Strategy, 2000, 9 (4): 549-584.

[13] Booth L, Aivazian V, Demirguc-Kunt A, Maksimovic V. Capital Structures in Developing Countries [J] . The Journal of Finance, 2001, 56 (1): 87- 130.

[14] Boyd J, Smith B. The Coevolution of the Real and Financial Sectors in the Growth Process [J] . The World Bank Economic Review, 1996, 10 (2): 371-396.

[15] Brailsford T J, Oliver B R, Pua S L H. On the Relation between Ownership Structure and Capital Structure [J] . Accounting and Finance, 2002, 42 (1): 1-26.

[16] Brander J A, Lewis T R. Oligopoly and Financial Structure: The Limited Liability Effect [J] . The American Economic Review , 1986, 76 (5): 956- 970.

[17] Brealey R, Leland H E, Pyle D H. Informational Asymmetries, Financial Structure and Financial Intermediation [J] . The Journal of Finance, 1977, 32 (2): 371-387.

[18] Brickley J A, Smith C W, Zimmerman J L. Managerial Economics and Organizational Architecture [M] . Burr Ridge: Irwin Professional Publishing, 1996.

[19] Bridoux F, Stoelhorst J W. Microfoundations for Stakeholder Theory: Managing Stakeholders with Heterogeneous Motives [J] . Strategic Management Journal, 2014, 35 (1): 107-125.

[20] Cheung S N S. The Contractual Nature of the Firm [J] . The Journal of

Law and Economics, 1983, 26 (1): 1-21.

[21] Choi B. High-technology Development in Regional Economic Growth [M]. London: Routledge, 2003.

[22] Chrisman J J, Patel P C. Variations in R&D Investments of Family and Nonfamily Firms: Behavioral Agency and Myopic Loss Aversion Perspectives [J]. The Academy of Management Journal, 2012, 55 (4): 976-997.

[23] Coase R H. The Nature of the Firm [J]. Economica, 1937, 4 (16): 386-405.

[24] Collis D J, Montgomery C A. Competing on Resources: Strategy in the 1990s [J]. Harvard Business Review, 1995 (73): 118-128.

[25] Cook D O, Tang T. Macroeconomic Conditions and Capital Structure Adjustment Speed [J]. Journal of Corporate Finance, 2010, 16 (1): 73-87.

[26] DeAngelo H, DeAngelo L, Whited T M. Capital Structure Dynamics and Transitory Debt [J]. Journal of Financial Economics, 2011, 99 (2): 235-261.

[27] DeAngelo H, Masulis R W. Optimal Capital Structure under Corporate and Personal Taxation [J]. Journal of Financial Economics, 1980, 8 (1): 3-29.

[28] Demirgüç-Kunt A, Maksimovic V. Stock Market Development and Financing Choices of Firms [J]. The World Bank Economic Review, 1996, 10 (2): 341-369.

[29] Diamond D W. Monitoring and Reputation: The Choice between Bank Loans and Directly Placed Debt [J]. Journal of Political Economy, 1991, 99 (4): 689-721.

[30] Fama E, Jensen M C. Agency Problems and Residual Claims [J]. Journal of Law and Economics, 1983 (26): 327-349.

[31] Fama E. Agency Problems and the Theory of the Firm [J]. Journal of Political Economy, 1980 (88): 288-307.

[32] Gale D, Hellwig M. Incentive-Compatible Debt Contracts: The One-Period Problem [J]. The Review of Economic Studies, 1985, 52 (4): 647-663.

［33］Graham J R, Harvey C R. The Theory and Practice of Corporate Finance: Evidence from the Field ［J］. Journal of Financial Economics, 2001, 60 （2-3）: 187-243.

［34］Gulen H, Ion M. Policy Uncertainty and Corporate Investment ［J］. The Review of Financial Studies, 2016, 29 （3）: 523-564.

［35］Hall B H. The Financing of Research and Development ［J］. Oxford Review of Economic Policy, 2002, 18 （1）: 35-51.

［36］Hall B H, Mairesse J. Empirical Studies of Innovation in the Knowledge Driven Economy ［J］. Economics of Innovation and New Technology, 2006, 15 （4-5）: 289-299.

［37］Harris M, Raviv A. Corporate Control Contests and Capital Structure ［J］. Journal of Financial Economics, 1988 （20）: 55-86.

［38］Harris M, Raviv A. The Theory of Capital Structure ［J］. The Journal of Finance, 1991 （46）: 297-355.

［39］Harris M, Townsend R M. Resource Allocation under Asymmetric Information ［J］. Econometrica, 1981, 49 （1）: 33-64.

［40］Hart O. Financial Contracting ［J］. Journal of Economic Literature, 2001, 34 （4）: 1079-1100.

［41］Hirshleifer D, Thakor A V. Managerial Conservatism, Project Choice, and Debt ［J］. The Review of Financial Studies, 1992, 5 （3）: 437-470.

［42］Holmström B, Tirole J. Liquidity and Risk Management ［J］. Journal of Money, Credit and Banking, 2000, 32 （3）: 295-319.

［43］Jensen G R, Solberg D P, Zorn T S. Simultaneous Determination of Insider Ownership, Debt, and Dividend Policies ［J］. The Journal of Financial and Quantitative Analysis, 1992, 27 （2）: 247-263.

［44］Jensen M C, Meckling W H. Theory of the Firm, Managerial Behaviour, Agency Costs and Ownership Structure ［J］. Journal of Financial Economics, 1976,

3 (4): 305-360.

［45］Kaplan R S, Serafeim G, Tugendhat E. Intelligent Design of Inclusive Growth Strategies ［Z］. Harvard Business School Working Paper, 2019.

［46］Kastl J, Martimort D, Piccolo S. Delegation, Ownership Concentration and R&D Spending: Evidence from Italy ［J］. The Journal of Industrial Economics, 2013, 61 (1): 84-107.

［47］Kester C W. Capital and Ownership Structure: A Comparison of United States and Japanese Manufacturing Corporations ［J］. Financial Management, 1986, 15 (1): 5-16.

［48］Kim M K, Wu C. Effects of Inflation on Capital Structure ［J］. The Financial Review, 1988, 23 (2): 183-200.

［49］Korajczyk R A, Levy A. Capital Structure Choice: Macroeconomic Conditions and Financial Constraints ［J］. Journal of Financial Economics, 2003, 68 (1): 75-109.

［50］Kovenock D, Phillips G M. Capital Structure and Product Market Behaviour: An Examination of Plant Exit and Investment Decisions ［J］. The Review of Financial Studies, 1997, 10 (3): 767-803.

［51］Kraus A, Litzenberger R H. A State-Preference Model of Optimal Financial Leverage ［J］. The Journal of Finance, 1973, 28 (4): 911-922.

［52］La Porta R, Lopez-de-Silanes F, Shleifer A, Vishny R W. Law and Finance ［J］. Journal of Political Economy, 1998 (106): 1113-1155.

［53］Landier A, Thesmar D. Financial Contracting with Optimistic Entrepreneurs ［J］. The Review of Financial Studies, 2009, 22 (1): 117-150.

［54］Lang L H P, Stulz R, Walkling R A. Managerial Performance, Tobin's Q, and the Gains from Successful Tender Offers ［J］. Journal of Financial Economics, 1989, 24 (1): 137-154.

［55］Le T V, O'Brien J P. Can Two Wrongs Make a Right? State Ownership and Debt in a Transition Economy [J]. Journal of Management Studies, 2010, 47 (7): 1297-1316.

[56] Leland H E. Agency Costs, Risk Management, and Capital Structure [J]. The Journal of Finance, 1998, 53 (4): 1213-1243.

[57] Lever W F. Correlating the Knowledge-based Cities with Economic Growth [J]. Urban Studies, 2002, 39 (5): 859-870.

[58] Levy A, Hennessy C. Why does Capital Structure Choice Vary with Macroeconomic Conditions? [J]. Journal of Monetary Economics, 2007, 54 (6): 1545-1564.

[59] Lin N. Social Resources and Instrumental Action [M] // Marsden P V, Lin N. Social Structure and Network Analysis. Beverly Hills: Sage, 1982: 131-145.

[60] Lyandres E. Capital Structure and Interaction among Firms in Output Markets: Theory and Evidence [J]. The Journal of Business, 2006, 79 (5): 2381-2421.

[61] Mande V, Park Y K, Son M. Equity or Debt Financing: Does Good Corporate Governance Matter? [J]. Corporate Governance: An International Review, 2012, 20 (2): 195-211.

[62] Marsh P. The Choice Between Equity and Debt: An Empirical Study [J]. The Journal of Finance, 1982, 37 (1): 121-144.

[63] Michaelas N, Chittenden F, Poutziouris P. Financial Policy and Capital Structure Choice in U. K. SMEs: Empirical Evidence from Company Panel Data [J]. Small Business Economics, 1999 (12): 113-130.

[64] Modigliani F, Miller M H. The Cost of Capital, Corporation Finance and the Theory of Investment [J]. The American Economic Review, 1958, 48 (3): 261-297.

[65] Modigliani F, Miller M H. Corporate Income Taxes and the Cost of Capital: A Correction [J]. The American Economic Review, 1963, 53 (3): 433-443.

[66] Moh'd M A, Perry L G, Rimbey J N. The Impact of Ownership Structure on Corporate Debt Policy: A Time-Series Cross-Sectional Analysis [J]. The Financial Review, 1998, 33 (3): 85-98.

［67］Morck R, Shleifer A, Vishny R W. Management Ownership and Market Valuation: An Empirical Analysis ［J］. Journal of Financial Economics, 1988 (20): 293-315.

［68］Myers S C, Majluf N S. Corporate Financing and Investment Decisions When Firms Have Information That Investors Do Not Have ［J］. Journal of Financial Economics, 1984, 13 (2): 187-221.

［69］Myers S C. Determinants of Corporate Borrowing ［J］. Journal of Financial Economics, 1977, 5 (2): 147-175.

［70］Myers S C. The Capital Structure Puzzle ［J］. The Journal of Finance, 1984, 39 (3): 574-592.

［71］Normann R, Ramírez R. From Value Chain to Value Constellation: Designing Interactive Strategy ［J］. Harvard Business Review, 1993, 71 (4): 65-77.

［72］Ortega-Argilés A, Moreno R, Caralt J S. Ownership Structure and Innovation: Is There a Real Link? ［J］. The Annals of Regional Science, 2005, 39 (4): 637-662.

［73］O'Brien J P. The Capital Structure Implication of Pursuing a Strategy of Innovation ［J］. Strategic Management Journal, 2003, 24 (5): 415-431.

［74］Park K, Jang S C. Capital Structure, Free Cash Flow, Diversification and Firm Performance: A Holistic Analysis ［J］. International Journal of Hospitality Management, 2013 (33): 51-63.

［75］Phillips G M. Increased Debt and Industry Product Markets an Empirical Analysis ［J］. Journal of Financial Economics, 1995, 37 (2): 189-238.

［76］Pischke J S. Continuous Training in Germany ［J］. Journal of Population Economics, 2001, 14 (3): 523-548.

［77］Porter M E. What is Strategy ［J］. Harvard Business Review, 1996 (74): 61-78.

［78］Rajan R G, Zingales L. What Do We Know about Capital Structure? Some

Evidence from International Data ［J］. The Journal of Finance, 1995, 50 （5）: 1421-1460.

［79］Rajan R G. Insiders and Outsiders: The Choice between Informed and Arm's-Length Debt ［J］. The Journal of Finance, 1992, 47 （4）: 1367-1400.

［80］Ross S A. The Determination of Financial Structure: The Incentive-Signalling Approach ［J］. The Bell Journal of Economics, 1977, 8 （1）: 23-40.

［81］Rumelt R P, Schendel D E, Teece D J. Fundamental Issues in Strategy: A Research Agenda ［M］. Boston: Harvard Business School Press, 1994.

［82］Schargrodsky E. The Effect of Product Market Competition on Capital Structure: Empirical Evidence from the Newspaper Industry ［Z］. Business School Working Papers, 2002.

［83］Schumpeter J A. The Theory of Economic Development ［M］. Cambridge: Harvard University Press, 1912.

［84］Scott J H Jr. A Theory of Optimal Capital Structure ［J］. The Bell Journal of Economics, 1976, 7 （1）: 33-54.

［85］Simons R. Performance Measurement and Control Systems for Implementing Strategy: Text and Cases ［M］. Upper Saddle River: Prentice Hall, 2000.

［86］Smith C W Jr. Investment Banking and the Capital Acquisition Process ［J］. Journal of Financial Economics, 1986, 15 （1-2）: 3-29.

［87］Solow R M. A Contribution to the Theory of Economic Growth ［J］. The Quarterly Journal of Economics, 1956 （70）: 65-94.

［88］Stein J C. Rational Capital Budgeting in an Irrational World ［J］. Journal of Business, 1996, 69 （4）: 429-455.

［89］Stewart G B. EVA?: Fast and Fantasy ［J］. Journal of Applied Corporate Finance, 1994, 7 （2）: 71-84.

［90］Stiglitz J E, Weiss A. Credit Rationing in Markets with Imperfect Information ［J］. The American Economic Review, 1981, 71 （3）: 393-410.

［91］ Stonehill A, Remmers L, Beekhuisen T, Wright R. Financial Goals and Debt Ratio Determinants: A Survey of Practice in Five Countries ［J］. Financial Management, 1975 (4): 27.

［92］ Stulz R. Managerial Control of Voting Rights: Financing Policies and the Market for Corporate Control ［J］. Journal of Financial Economics, 1988 (20): 25-54.

［93］ Stulz R. Managerial Discretion and Optimal Financing Policies ［J］. Journal of Financial Eonomics, 1990, 26 (1): 3-27.

［94］ Sun Y, Du D. Determinants of Industrial Innovation in China: Evidence from its Recent Economic Census ［J］. Technovation, 2010, 30 (9-10): 540-550.

［95］ Svensson R. Commercialization of Patents and External Financing during the R&D Phase ［J］. Research Policy, 2007, 36 (7): 1052-1069.

［96］ Tihanyi L, Johnson R A, Hoskisson R E, Hitt M A. Institutional Ownership Differences and International Diversification: The Effects of Boards of Directors and Technological Opportunity ［J］. The Academy of Management Journal, 2003, 46 (2): 195-211.

［97］ Tirole J. Corporate Governance ［J］. Econometrica, 2001, 69 (1): 1-35.

［98］ Titman S, Wessels R. The Determinants of Capital Structure Choice ［J］. The Journal of Finance, 1988, 43 (1): 1-19.

［99］ Townsend R M. Optimal Contracts and Competitive Markets with Costly State Verification ［J］. Journal of Economic Theory, 1979, 21 (2): 265-293.

［100］ Wald J K. How Firm Characteristics Affect Capital Structure: An International Comparison ［J］. Journal of Financial Research, 1999, 22 (2): 161-187.

［101］ Wang K, Shailer G. Ownership Concentration and Firm Performance in Emerging Markets: A Meta-Analysis ［J］. Journal of Economic Surveys, 2015, 29 (2): 199-229.

［102］ Wang T Y, Thornhill S. R&D Investment and Financing Choices: A

Comprehensive Perspective ［J］. Research Policy, 2010, 39（9）: 1148-1159.

［103］Warner J B. Bankruptcy Costs: Some Evidence ［J］. The Journal of Finance, 1977（32）: 337-347.

［104］Williamson O E. Corporate Finance and Corporate Governance ［J］. The Journal of Finance, 1988, 43（3）: 567-591.

［105］Yermack D. Higher Market Valuation of Companies with a Small Board of Directors ［J］. Journal of Financial Economics, 1996, 40（2）: 185-211.

［106］Zender J F. Optimal Financial Instruments ［J］. The Journal of Finance, 1991, 46（5）: 1645-1663.

［107］奥尔特曼, 霍奇基斯. 公司财务危机与破产 ［M］. 罗菲, 译. 大连: 东北财经大学出版社, 2007.

［108］波特. 竞争优势 ［M］. 陈小悦, 译. 北京: 华夏出版社, 2005.

［109］曹廷求, 孙文祥, 于建霞. 资本结构、股权结构、成长机会与公司绩效 ［J］. 南开管理评论, 2004（1）: 57-63.

［110］柴俊武, 万迪昉. 企业规模与 R&D 投入强度关系的实证分析 ［J］. 科学学研究, 2003（1）: 58-62.

［111］柴玉珂. 基于 VAR 双变量模型的金融支持对高技术产业发展的影响 ［J］. 统计与决策, 2012（17）: 169-171.

［112］常亮, 连玉君. 融资约束与资本结构的非对称调整——基于动态门限模型的经验证据 ［J］. 财贸研究, 2013, 24（2）: 138-145.

［113］陈良华, 吴凡, 王豪峻. 银行债务融资对创新投资效率的影响——基于沪深 A 股科技企业的经验证据 ［J］. 东南大学学报（哲学社会科学版）, 2019, 21（5）: 34-44+146.

［114］陈良华, 叶茂然, 迟颖颖. 资本结构动态调整的目标资本结构优化研究——来自中国房地产上市公司的经验证据 ［J］. 东南大学学报（哲学社会科学版）, 2022, 24（3）: 31-39+146.

［115］陈滢. 浅析新常态下的"互联网+制造业"——以天津为例 ［J］.

城市，2015（5）：35-38.

[116] 陈志明. 基于演化博弈理论的合资铁路投融资问题研究 ［J］. 铁道运输与经济，2018，40（5）：1-7.

[117] 丁妙松，戴娟萍. 权衡理论和商业模式视角下苏宁易购的股权融资策略研究 ［J］. 财务与会计，2021（8）：45-48.

[118] 董礼，陈金龙. 股权"竞价融资"与"主动寻求融资"的融资绩效比较——基于不完全信息博弈视角 ［J］. 管理工程学报，2022，36（3）：179-188.

[119] 杜莹，刘立国. 中国上市公司债权治理效率的实证分析 ［J］. 证券市场导报，2002（12）：66-69.

[120] 范亚莉，丁志国. 上市公司融资约束演进规律与内在动因 ［J］. 中南财经政法大学学报，2019（4）：149-156.

[121] 方健雯，朱学新，张斌. 长江三角洲技术创新驱动机制的比较分析 ［J］. 软科学，2008（2）：113-115.

[122] 冯根福，吴林江，刘世彦. 我国上市公司资本结构形成的影响因素分析 ［J］. 经济学家，2000（5）：59-66.

[123] 干胜道. 企业财务压力：来源与管控 ［J］. 会计之友，2016（9）：20-22.

[124] 甘勤. 外部治理环境与内部控制对上市房地产企业投资效率的影响研究 ［D］. 重庆大学硕士学位论文，2016.

[125] 高更君，冯媛媛. 有限理性视角下应收账款保理融资博弈分析 ［J］. 制造业自动化，2020，42（4）：33-38+78.

[126] 耿成轩. 基于内生结构与外部环境的家族企业融资行为研究 ［J］. 管理世界，2010（5）：180-181.

[127] 宫汝凯. 政策不确定环境下的资本结构动态决策 ［J］. 南开经济研究，2021（4）：97-119.

[128] 郭庆旺，贾俊雪. 中国省份经济周期的动态因素分析 ［J］. 管理世界，2005（11）：50-58.

［129］韩光强，王迪．外源融资结构对 EVA 的影响——基于中小板上市公司［J］．商业经济研究，2017（6）：185-186．

［130］韩金红，潘莹．产业政策、产权性质与资本结构动态调整［J］．投资研究，2021，40（3）：131-148．

［131］韩云．股利平稳性、代理成本与资本结构——基于随机前沿模型的实证分析［J］．经济经纬，2017，34（6）：152-158．

［132］郝敬贤．关于企业融资策略的几点建议［J］．财务与会计，2021（16）：77．

［133］何德旭，饶明．资产价格波动与实体经济稳定研究［J］．中国工业经济，2010（3）：19-30．

［134］何熙琼，尹长萍，毛洪涛．产业政策对企业投资效率的影响及其作用机制研究——基于银行信贷的中介作用与市场竞争的调节作用［J］．南开管理评论，2016，19（5）：161-170．

［135］贺京同，高林．企业所有权、创新激励政策及其效果研究［J］．财经研究，2012，38（3）：15-25．

［136］侯德帅，董曼茹，赵远方．宏观经济政策不确定性与企业关联交易行为［J］．社会科学文摘，2020（1）：51-53．

［137］胡鞍钢．当前我国经济与社会发展形势分析和若干建议［J］．改革，2002（5）：5-14．

［138］胡玉明．管理会计的本质与边界［J］．财会月刊，2021（19）：16-24．

［139］胡元木．资本结构调整速度的研究——以食品业上市公司为例［J］．会计之友，2013（29）：4-14．

［140］胡援成．"债转股"的机制研究［J］．金融与经济，2001（10）：17-20．

［141］胡援成．中国企业资本结构与企业价值研究［J］．金融研究，2002（3）：110-122．

［142］胡源．产业集群中大小企业协同创新的合作博弈分析［J］．科技进

步与对策，2012，29（22）：108-112.

[143]黄继承，阚铄，朱冰，郑志刚．经理薪酬激励与资本结构动态调整［J］．管理世界，2016（11）：156-171.

[144]黄世忠．ESG视角下价值创造的三大变革［J］．财务研究，2021（6）：3-14.

[145]黄体鸿，张阿艳．企业价值的内涵及管理体系［J］．武汉理工大学学报（信息与管理工程版），2008（3）：453-456+465.

[146]贾兴平，刘益，廖勇海．利益相关者压力、企业社会责任与企业价值［J］．管理学报，2016，13（2）：267-274.

[147]姜波，毛道维．科技型中小企业融资结构与企业社会资本关系研究：技术创新绩效的观点［J］．科学学与科学技术管理，2011，32（2）：140-145.

[148]姜付秀，黄继承．CEO财务经历与资本结构决策［J］．会计研究，2013（5）：27-34+95.

[149]姜付秀，黄继承．经理激励、负债与企业价值［J］．经济研究，2011，46（5）：46-60.

[150]蒋亚朋，王义茹．创业板上市公司融资模式对R&D投入的影响——基于不同生命周期下的研究［J］．财会通讯，2015（27）：24-28.

[151]蒋玉涛，招富刚．创新驱动过程视角下的创新型区域评价指标体系研究［J］．科技管理研究，2009，29（7）：168-169+181.

[152]金玲娣，陈国宏．企业规模与R&D关系实证研究［J］．科研管理，2001（1）：51-57.

[153]科普兰，威斯顿．财务理论与公司政策［M］．宋献中，主译．大连：东北财经大学出版社，2003.

[154]匡海波，牛文元．集装箱港口多期投资优化决策模型研究［J］．管理科学学报，2012，15（5）：76-82.

[155]黎文靖，李耀淘．产业政策激励了公司投资吗［J］．中国工业经济，2014（5）：122-134.

［156］黎文靖，郑曼妮．通货膨胀预期、企业成长性与企业投资［J］．统计研究，2016，33（5）：34-42.

［157］李百吉．我国商业银行结构、效率与绩效关系研究［J］．中央财经大学学报，2008（11）：32-37.

［158］李宝宝，黄寿昌．国有企业管理层在职消费的估计模型及实证检验［J］．管理世界，2012（5）：184-185.

［159］李成钢．"互联网+"视角下的电子商务"价值经济"研究［J］．中国流通经济，2015，29（7）：76-81.

［160］李丹蒙，夏立军．股权性质、制度环境与上市公司 R&D 强度［J］．财经研究，2008（4）：93-104.

［161］李国柱，李从欣，孙婧超．河北省上市公司资本结构与公司绩效研究［J］．中国管理信息化，2009，12（5）：41-44.

［162］李世辉，胡江峰，何绍丽．资本结构决策的"同伴效应"与国有企业过度负债——基于我国 A 股上市公司经验证据的分析［J］．商业研究，2018（1）：105-111.

［163］李武威．外资研发、技术创新资源投入与本土企业创新绩效的关系研究［J］．情报杂志，2013，32（2）：191-195.

［164］李昕潼，池国华．EVA 考核对企业融资结构的影响研究［J］．科学决策，2018（1）：75-94.

［165］李星，李记龙，简真强．我国上市公司的多元资本结构特征及其对企业绩效影响的实证研究［J］．商业会计，2015（3）：18-23.

［166］连立帅，陈超．产业倾向性政策与会计稳健性——基于国家规划布局内重点软件企业的经验证据［J］．中国会计评论，2016，14（1）：63-82.

［167］连玉君，彭镇，蔡菁，杨海生．经济周期下资本结构同群效应研究［J］．会计研究，2020（11）：85-97.

［168］林建浩，阮萌柯．经济政策不确定性与企业融资［J］．金融学季刊，2016，10（3）：1-21.

［169］林杰辉. 企业资本结构与融资路径研究［J］. 云南社会科学，2019（6）：71-78.

［170］林毅夫，孙希芳. 银行业结构与经济增长［J］. 经济研究，2008，43（9）：31-45.

［171］刘端，陈诗琪，陈收. 制造业上市公司的股权增发、外部融资依赖对企业创新的影响［J］. 管理学报，2019，16（8）：1168-1178.

［172］刘砾丹，孟维站，刘力臻. 融资约束视角下高新技术企业成长性对资本结构调整的影响［J］. 宏观经济研究，2021（2）：85-98.

［173］刘胜强，刘星. 上市公司负债水平对企业 R&D 投资的影响［J］. 科技进步与对策，2011，28（11）：87-90.

［174］刘星. 中国上市公司融资策略影响因素的实证分析［J］. 重庆大学学报（自然科学版），2001（1）：108-113+125.

［175］刘运国. R&D 支出研究文献回顾与展望［J］. 上海立信会计学院学报，2010，24（4）：23-30.

［176］柳彩莲. 论"互联网+农业"的新经营策略［J］. 中国集体经济，2015（19）：63-65.

［177］卢宇荣. 基于融资效率分析的中小企业融资体系构建［J］. 求实，2008（4）：57-58.

［178］毛育晖，杨艳. 动态资本结构理论研究回顾与展望［J］. 会计之友，2014（21）：11-15.

［179］聂林海. "互联网+"时代的电子商务［J］. 中国流通经济，2015（6）：53-57.

［180］宁家骏. "互联网+"行动计划的实施背景、内涵及主要内容［J］. 电子政务，2015（6）：32-38.

［181］屈耀辉. 中国上市公司资本结构的调整速度及其影响因素——基于不平行面板数据的经验分析［J］. 会计研究，2006（6）：56-62+97.

［182］阮素梅，杨善林，张莉. 公司治理与资本结构对上市公司价值创造能

力综合影响的实证研究 [J] . 中国管理科学, 2015, 23 (5): 168-176.

[183] 舍夫林 . 行为公司金融——创造价值的决策 [M] . 北京: 中国人民大学出版社, 2007.

[184] 盛明泉, 周洁, 汪顺 . 产权性质、企业战略差异与资本结构动态调整 [J] . 财经问题研究, 2018 (11): 98-103.

[185] 世界经济论坛 . 2020 全球十大新兴技术报告 [R] . 日内瓦: 世界经济论坛, 2022.

[186] 舒长江, 洪攀, 张良成 . 融资约束异质性对企业杠杆率的影响 [J] . 江西社会科学, 2020, 40 (1): 107-119.

[187] 宋力, 丛秀燕 . 关联交易下的控股股东支持行为与公司治理 [J] . 沈阳工业大学学报 (社会科学版), 2011, 4 (1): 42-46.

[188] 孙海燕, 耿成轩 . 基于部分调整模型的中国战略性新兴产业上市公司资本结构动态调整研究 [J] . 管理现代化, 2019, 39 (2): 51-54.

[189] 孙人极, 顾研 . 股权融资不确定性、经济周期与资本结构调整速度 [J] . 湖南大学学报 (社会科学版), 2018, 32 (5): 71-77.

[190] 孙宋芝 . 负债期限结构对高管薪酬——业绩敏感性的影响 [J] . 财经问题研究, 2015 (3): 125-129.

[191] 孙晓华, 王昀 . 企业规模对生产率及其差异的影响——来自工业企业微观数据的实证研究 [J] . 中国工业经济, 2014 (5): 57-69.

[192] 谈多娇, 张兆国, 刘晓霞 . 资本结构与产品市场竞争优势——来自中国民营上市公司和国有控股上市公司的证据 [J] . 中国软科学, 2010 (10): 143-151.

[193] 唐宗明, 蒋位 . 中国上市公司大股东侵害度实证分析 [J] . 经济研究, 2002 (4): 44-50+94.

[194] 陶思林 . 新能源汽车产业债务融资提高了企业绩效吗? ——基于股权集中度调节效应的研究 [J] . 国土资源科技管理, 2022, 39 (2): 107-118.

[195] 梯若尔 . 公司金融理论 [M] . 陈岱孙, 译 . 北京: 中国人民大学出

版社，2007.

[196] 田建强，徐枫．对疫情下小微企业金融支持政策的效果评估［J］．金融监管研究，2021（10）：42-58.

[197] 田轩，孟清扬．股权激励计划能促进企业创新吗［J］．南开管理评论，2018，21（3）：176-190.

[198] 佟岩，王化成．关联交易、控制权收益与盈余质量［J］．会计研究，2007（4）：75-82+96.

[199] 王芳．基于"互联网+"时代的企业管理创新研究［J］．品牌，2015（4）：83-84.

[200] 王红建，杨筝，阮刚铭，曹瑜强．放松利率管制、过度负债与债务期限结构［J］．金融研究，2018（2）：100-117.

[201] 王化成，刘金钊，孙昌玲，高升好．基于价值网环境的财务管理：案例解构与研究展望［J］．会计研究，2017（7）：11-19+96.

[202] 王化成．CFO的战略思维和价值创造［J］．中关村，2012（8）：90-91.

[203] 王化成．企业与资金提供者的分配关系研究［J］．财会月刊，2000（24）：2-4.

[204] 王辉．公司治理评价体系中的利益相关者指标［J］．南开管理评论，2003（3）：24-25.

[205] 王建斌．货币政策对我国上市公司融资约束的差异性影响研究［J］．经济问题，2019（12）：44-51.

[206] 王晶晶．强化国企资产负债约束重在降杠杆［N］．中国经济时报，2019-01-01（A04）．

[207] 王克敏，刘静，李晓溪．产业政策、政府支持与公司投资效率研究［J］．管理世界，2017（3）：113-124+145+188.

[208] 王良举，陈甬军．集聚的生产率效应——来自中国制造业企业的经验证据［J］．财经研究，2013，39（1）：49-60.

[209] 王任飞.企业 R&D 支出的内部影响因素研究——基于中国电子信息百强企业之实证［J］.科学学研究，2005（2）：225-231.

[210] 王晓亮，邓可斌.董事会非正式层级会提升资本结构决策效率吗？［J］.会计研究，2020（8）：77-90.

[211] 王晓燕，周爯君.宏观调控对上市房地产企业资本结构影响研究——基于固定效应模型［J］.会计之友，2017（1）：36-40.

[212] 王玉泽，罗能生，刘文彬.什么样的杠杆率有利于企业创新［J］.中国工业经济，2019（3）：138-155.

[213] 王珍珍.“十二五”以来我国省域创新驱动发展战略实施成效分析［J］.经济研究参考，2014（58）：33-39.

[214] 魏后凯.论我国产业集群的自主创新［J］.中州学刊，2006（3）：30-34+261.

[215] 巫岑，黎文飞，唐清泉.产业政策与企业资本结构调整速度［J］.金融研究，2019（4）：92-110.

[216] 吴非，胡慧芷，林慧妍，任晓怡.企业数字化转型与资本市场表现——来自股票流动性的经验证据［J］.管理世界，2021，37（7）：10+130-144.

[217] 吴敬琏.中国增长模式抉择［M］.上海：上海远东出版社，2006.

[218] 吴延兵.国有企业双重效率损失研究［J］.经济研究，2012，47（3）：15-27.

[219] 吴尧，沈坤荣.资本结构如何影响企业创新——基于我国上市公司的实证分析［J］.产业经济研究，2020（3）：57-71.

[220] 夏天.创新驱动过程的阶段特征及其对创新型城市建设的启示［J］.科学学与科学技术管理，2010，31（2）：124-129.

[221] 肖静华.企业跨体系数字化转型与管理适应性变革［J］.改革，2020（4）：37-49.

[222] 肖忠意，陈海涛，李润琪.数字普惠金融发展能降低上市公司债务融资成本吗［J］.财会月刊，2022（4）：34-41.

［223］肖作平．公司治理结构对资本结构选择的影响——来自中国上市公司的证据［J］．经济评论，2005（6）：68-78．

［224］肖作平．资本结构影响因素和双向效应动态模型——来自中国上市公司面板数据的证据［J］．会计研究，2004（2）：36-41．

［225］谢晋雯，吴珂．二维矩阵视角下融资策略选择模型构建——以天士力为例［J］．财会通讯，2020（18）：146-149+167．

［226］谢娟娟，刘小瑜，廖鹏．科技型小微企业金融支持探讨［J］．科技进步与对策，2013，30（9）：86-89．

［227］熊彼特．经济发展理论［M］．何畏，等译．北京：商务印书馆，1990．

［228］徐畅，呼建光．无形资产如何影响高新技术企业债务融资？——价值创造、抵押价值与税盾效应［J］．科技管理研究，2022，42（11）：162-172．

［229］晏艳阳．我国上市公司资本结构与企业价值研究［J］．财经理论与实践，2002（4）：50-53．

［230］杨丹．产业政策、股权结构与投融资效率［D］．西南财经大学硕士学位论文，2013．

［231］杨国彬，李春芳．企业绩效评价指标——EVA［J］．经济管理，2001（9）：21-24．

［232］杨华荣，陈军，陈金贤．内部治理结构、资本结构与公司绩效关系研究——基于西部地区上市公司的经验证据［J］．生产力研究，2007（10）：107-109．

［233］杨丽彬，陈晓萍．企业所得税对债务融资影响分析——基于我国上市公司的实证研究［J］．财会通讯（学术版），2007（5）：35-39．

［234］叶康涛，董雪雁，崔倚菁．企业战略定位与会计盈余管理行为选择［J］．会计研究，2015（10）：23-29+96．

［235］余明桂，宁莎莎．独立董事社会网络与企业投资效率［J］．华东经济管理，2016，30（2）：136-140．

［236］曾祥飞，季小明．资本结构、企业研发投资决策与公司盈利能力相关

性研究［J］．合作经济与科技，2013（3）：38-39．

［237］张斌，陈岩．企业类型、所有权集中度与创新研究［J］．中国科技论坛，2014（8）：74-79．

［238］张慧霞．契约执行效率、融资成本与企业价值创造能力［J］．财会通讯，2020（23）：56-59．

［239］张胜，张丹萍，郭英远．所得税政策对科技成果作价投资的效应研究［J］．科学学研究，2017，35（5）：681-688+699．

［240］张西征．中国企业所有权结构对研发投资影响的研究［J］．管理学报，2013，10（10）：1492-1501．

［241］赵冬梅．高科技企业资本结构动态非对称调整研究——基于门槛效应及宏观经济因素［J］．上海经济，2020（2）：102-128．

［242］赵冬青，朱武祥．上市公司资本结构影响因素经验研究［J］．南开管理评论，2006（2）：11-18．

［243］赵栋，吕思聪．过度信贷会激发企业的创新活力吗？［J］．金融与经济，2019（12）：19-25．

［244］赵蒲，孙爱英．财务保守行为：基于中国上市公司的实证研究［J］．管理世界，2004（11）：109-118+156．

［245］赵蒲，孙爱英．资本结构与产业生命周期：基于中国上市公司的实证研究［J］．管理工程学报，2005（3）：42-46．

［246］赵昕，张琦，丁黎黎．不确定环境下零售商融资决策选择：3PL 融资 VS 银行融资［J］．运筹与管理，2022，31（3）：186-192．

［247］郑曼妮，黎文靖．中国过度负债企业去杠杆——基于资本结构动态调整视角［J］．国际金融研究，2018（10）：87-96．

［248］智浩．价值创造视角下资本结构决策评价模型研究［J］．商业经济，2021（1）：75-77．

［249］钟田丽，张天宇．我国企业资本结构决策行为的"同伴效应"——来自深沪两市 A 股上市公司面板数据的实证检验［J］．南开管理评论，2017，

20（2）：58-70.

[250] 周方召，符建华，尹龙. 股权制衡、法律保护与控股股东侵占——来自中国 A 股民营上市公司关联交易的实证分析 [J]. 投资研究，2011，30（8）：101-110.

[251] 周针竹. 货币政策与资本结构动态调整——基于货币政策传导渠道视角 [J]. 经济问题探索，2022（2）：128-142.

[252] 朱武祥. 企业融资行为与资本结构研究的新发展及启示 [J]. 证券市场导报，2002（8）：50-53.

[253] 朱晓霞. 基于 SD 模型的 RIS 创新驱动力研究 [J]. 科学学研究，2008，26（6）：1300-1309.

[254] 朱有为，徐康宁. 中国高技术产业研发效率的实证研究 [J]. 中国工业经济，2006（11）：38-45.

[255] 朱志军. 运营开放：面向"互联网+"的组织变革 [J]. 电信技术，2015（4）：18-20.

[256] 邹瑞山. 公司融资策略中可持续增长模型应用研究——以七匹狼为例 [J]. 财会通讯，2020（4）：110-114.

[257] 左志方. 产业生命周期与资本结构动态调整 [J]. 经济理论与经济管理，2009（6）：69-74.

后 记

《融资结构与企业价值创造》一书是我多年的理论积累与沉淀，是对之前若干研究课题进一步的诠释、丰富和升华，浸透并饱含着我的心血和汗水。在本书的研究中尚存在一定的不足与疏漏之处，对于融资结构动态变化与公司价值的影响分析涉及不多，没有加入融资结构动态变化过程，如股权结构变化的公司控制权转移、公司发行新股、配股、股票回购、发行公司债券、增加银行借款、回购债券等多种形式的融资结构变化，本书并没有进行详细研究，这对于动态的融资结构变化整体是一个不足之处。

国内有关融资结构的研究已经非常成熟，但部分局限于狭义的和静态的融资结构研究，随着股权分置改革的完成和股票市场的逐步完善，基于动态的融资结构研究将成为未来的焦点。从河南省上市公司资产负债表中可以看到，企业除银行借款融资之外，还有一部分来源于企业之间相互提供的商业信用，如应收账款等，这也成为企业负债融资的重要组成部分之一。所以企业在发展银行信用和提高债券融资比例的同时，应该不断发展商业信用和租赁融资，通过各种融资渠道向广大债权人募集资金，提高企业的负债经营比例，进而不断提高企业的经营效率水平、增加企业价值。

本书从选题、初稿、修改、完善，直至定稿，都不曾有丝毫懈怠，在知识的海洋中汲取、吸收、消化。本书在写作过程中参考并引用了大量的文献资料，在此对引用文献成果的作者表示最诚挚的谢意。在大量旁征博引的内容中，若被引用的文献因没有查明出处而被遗漏，恳请作者接受我最诚挚的歉意。

　　我主持完成若干相关研究课题，并获得一些奖项，这激励我对此问题进行更加深入的探讨与研究。我要感谢河南财经政法大学领导、会计学院领导的关心和帮助，感谢河南财经政法大学会计学院老师们的支持和帮助，感谢所有的师长们对我的鼓励与帮助！同时，我要感谢经济管理出版社的领师导和老，感谢杨雪编辑、王蕾编辑对我的支持与帮助。

　　最后，我要把最真挚的谢意献给我的父母和家人，感谢他们对我的理解和支持。感谢我的爱人志同道合，在学术上相互切磋；感谢可爱的孩子们，写作时难免减少了对他们的陪伴，但他们积极向上的精神也影响着我，幸福是奋斗出来的，我们不断前行！

　　在此谨向你们表达诚挚的谢意与祝福！

柴玉珂

2022 年于郑州